Spezie e Sapori dell'India

La Cucina Tradizionale Indiana a Portata di Mano

Priya Patel

Contenuti

Pollo senza olio 17
    ingredienti 17
    Metodo 17

Curry Kozi Varatha 18
    ingredienti 18
    Metodo 18

Stufato di pollo 20
    ingredienti 20
    Metodo 21

Pollo Himani 22
    ingredienti 22
    Per il sottaceto: 22
    Metodo 23

Pollo bianco 24
    ingredienti 24
    Metodo 25

Pollo al masala rosso 26
    ingredienti 26
    Metodo 27

Jhalfrezie di pollo 28
    ingredienti 28
    Metodo 29

Pollo al curry semplice 30

ingredienti 30

Metodo 31

Pollo al curry in agrodolce 32

ingredienti 32

Metodo 33

Anjeer di pollo secco 34

ingredienti 34

Per il sottaceto: 34

Metodo 35

Yogurt di pollo 36

ingredienti 36

Metodo 37

Pollo fritto piccante 38

ingredienti 38

Metodo 39

Pollo superbo 40

ingredienti 40

Metodo 41

Vindaloo pollo 42

ingredienti 42

Metodo 43

Pollo caramellato 44

ingredienti 44

Metodo 45

Pollo agli anacardi 46

ingredienti 46

Metodo 47

Pollo veloce 48
    ingredienti 48
    Metodo 49
Coorgi Pollo al Curry 50
    ingredienti 50
    Metodo 51
Pollo arrosto 52
    ingredienti 52
    Metodo 53
Pollo agli spinaci 54
    ingredienti 54
    Metodo 55
Pollo indiano 56
    ingredienti 56
    Per il mix di spezie: 56
    Metodo 57
Corey Gassi 58
    ingredienti 58
    Metodo 59
Ghezado di pollo 60
    ingredienti 60
    Metodo 61
Pollo in salsa di pomodoro 62
    ingredienti 62
    Metodo 63
Shahenshah Murg 64
    ingredienti 64

- Metodo 65
- Pollo fare Pyaaza 66
  - ingredienti 66
  - Metodo 67
- Pollo bengalese 68
  - ingredienti 68
  - Metodo 68
- Lasoni Murgh 70
  - ingredienti 70
  - Metodo 71
- Caffè di pollo 72
  - ingredienti 72
  - Per il sottaceto: 72
  - Metodo 73
- Pollo con albicocche 74
  - ingredienti 74
  - Metodo 75
- Pollo grigliato 76
  - ingredienti 76
  - Metodo 77
- Anatra arrosto al pepe 78
  - ingredienti 78
  - Metodo 79
- Bhuna di pollo 80
  - ingredienti 80
  - Metodo 81
- Pollo all'uovo al curry 82

- ingredienti 82
  - Metodo 83
- Pollo fritto piccante 84
  - ingredienti 84
  - Per il sottaceto: 84
  - Metodo 85
- Goan Kombdi 86
  - ingredienti 86
  - Metodo 87
- pollo al curry del sud 88
  - ingredienti 88
  - Metodo 89
- Nizami di pollo 90
  - ingredienti 90
  - Per il mix di spezie: 90
  - Metodo 91
- buffet di anatra 92
  - ingredienti 92
  - Metodo 92
- Adraki Murg 94
  - ingredienti 94
  - Metodo 94
- Bharva Mugh 95
  - ingredienti 95
  - Metodo 96
- Malaida Murgh 97
  - ingredienti 97

- Metodo 98
- Pollo al curry di Bombay 99
  - ingredienti 99
  - Metodo 100
- Durbari di pollo 101
  - ingredienti 101
  - Metodo 102
- Anatra arrosto 103
  - ingredienti 103
  - Metodo 103
- Pollo al coriandolo e aglio 104
  - ingredienti 104
  - Metodo 105
- Anatra Masala 106
  - ingredienti 106
  - Metodo 107
- Pollo alla senape 108
  - ingredienti 108
  - Metodo 109
- Murgh Lassanwallah 110
  - ingredienti 110
  - Metodo 111
- Chettinad di pollo al pepe 112
  - ingredienti 112
  - Metodo 113
- Pollo tritato con uovo 114
  - ingredienti 114

- Metodo 115
- Pollo secco 116
  - ingredienti 116
  - Per il sottaceto: 116
  - Metodo 117
- Spiedini di pesce 117
  - ingredienti 117
  - Per il ripieno: 118
  - Metodo 118
- Cotolette di pesce 120
  - ingredienti 120
  - Metodo 121
- Sookha pesce 123
  - ingredienti 123
  - Metodo 124
- Mahya Kalia 125
  - ingredienti 125
  - Metodo 126
- Rosachi al curry di gamberi 127
  - ingredienti 127
  - Metodo 128
- Pesce con datteri e mandorle 129
  - ingredienti 129
  - Metodo 129
- Pesce tandoori 131
  - ingredienti 131
  - Metodo 131

- Pesce con verdure 132
  - ingredienti 132
  - Metodo 133
- Tandoor Gulnar 135
  - ingredienti 135
  - Per la prima marinata: 135
  - Per la seconda marinata: 135
- Gamberi con masala verde 136
  - ingredienti 136
  - Metodo 137
- Cotoletta di pesce 138
  - ingredienti 138
  - Metodo 139
- Parsi Pesce Sas 140
  - ingredienti 140
  - Metodo 141
- Peshawari Machhi 142
  - ingredienti 142
  - Metodo 142
- curry di granchio 144
  - ingredienti 144
  - Metodo 145
- pesce senape 146
  - ingredienti 146
  - Metodo 146
- Meen Vattichathu 147
  - ingredienti 147

Metodo 148
DoiMaach 149
    ingredienti 149
    Per il sottaceto: 149
    Metodo 150
Pesce fritto 151
    ingredienti 151
    Metodo 151
Cotoletta Macher 152
    ingredienti 152
    Metodo 152
Pesce spada di Goa 154
    ingredienti 154
    Metodo 155
Masala di pesce essiccato 156
    ingredienti 156
    Metodo 156
Curry di gamberi di Madras 157
    ingredienti 157
    Metodo 157
Pesce con fieno greco 158
    ingredienti 158
    Metodo 159
Karimeen Porichathu 160
    ingredienti 160
    Metodo 161
Aquile giganti 162

ingredienti 162

    Metodo 163

Pesce marinato 164

    ingredienti 164

    Metodo 164

Ciotola di pesce al curry 166

    ingredienti 166

    Metodo 167

Pesce Amritsari 168

    ingredienti 168

    Metodo 168

gamberi fritti al masala 169

    ingredienti 169

    Metodo 170

Pesce guarnito con gustosi 171

    ingredienti 171

    Metodo 172

Gamberi Pasanda 173

    ingredienti 173

    Metodo 174

Rechaido di pesce spada 175

    ingredienti 175

    Metodo 176

Teekha Jinga 177

    ingredienti 177

    Metodo 178

Balchow di gamberetti 179

ingredienti 179

    Metodo 180

Bhujna gamberi 181

    ingredienti 181

    Metodo 182

Chingdi Macher Malai 183

    ingredienti 183

    Metodo 184

Sorseggia il pesce Bata 185

    ingredienti 185

    Metodo 185

Stufato di pesce 186

    ingredienti 186

    Metodo 187

Jinga Nissa 188

    ingredienti 188

    Metodo 189

Calamaro Vindaloo 190

    ingredienti 190

    Metodo 191

Balchow di aragosta 192

    ingredienti 192

    Metodo 193

gamberi di melanzane 194

    ingredienti 194

    Metodo 195

Gamberi verdi 196

- ingredienti 196
- Metodo 196
- Pesce al coriandolo 197
  - ingredienti 197
  - Metodo 197
- Pesce malese 198
  - ingredienti 198
  - Per il mix di spezie: 198
  - Metodo 199
- Curry di pesce Konkani 200
  - ingredienti 200
  - Metodo 200
- Gamberoni piccanti all'aglio 201
  - ingredienti 201
  - Metodo 202
- semplice curry di pesce 203
  - ingredienti 203
  - Metodo 203
- Curry di pesce di Goa 204
  - ingredienti 204
  - Metodo 205
- Vindaloo di gamberetti 206
  - Per 4 persone 206
  - ingredienti 206
  - Metodo 207
- Pesce in masala verde 208
  - ingredienti 208

- Metodo 209
- Cozze Masala 210
  - ingredienti 210
  - Metodo 211
- Ticca di pesce 212
  - ingredienti 212
  - Metodo 213
- Melanzane ripiene di gamberi 214
  - ingredienti 214
  - Metodo 215
- Gamberi aglio e cannella 216
  - ingredienti 216
  - Metodo 216
- Sogliola al vapore con senape 217
  - ingredienti 217
  - Metodo 217

Pollo senza olio

Per 4 persone

ingredienti

Yogurt 400g/14oz

1 cucchiaino di peperoncino in polvere

1 cucchiaino di pasta di zenzero

1 cucchiaino di pasta all'aglio

2 peperoncini verdi, tritati finemente

50 g di foglie di coriandolo macinate

1 cucchiaino di garam masala

Sale a piacere

750g/1lb 10oz pollo disossato, tagliato in 8 pezzi

Metodo

- Mescolare tutti gli ingredienti tranne il pollo. Marinare il pollo con questa miscela durante la notte.

- Cuocere il pollo marinato in padella a fuoco medio per 40 minuti, mescolando spesso. Servire caldo.

Curry Kozi Varatha

(Pollo al curry Kairali del Kerala)

Per 4 persone

ingredienti

60 ml di olio vegetale raffinato

Radice di zenzero di 7,5 cm, tritata finemente

15 spicchi d'aglio, tritati finemente

8 scalogni, affettati

3 peperoncini verdi, tagliati longitudinalmente

1 kg di pollo, tagliato in 12 pezzi

cucchiaino: curcuma

Sale a piacere

2 cucchiai di coriandolo macinato

1 cucchiaio di garam masala

½ cucchiaino di semi di cumino

750ml/1¼ pinta di latte di cocco

5-6 foglie di curry

Metodo

- Scaldare l'olio in una padella. Aggiungere lo zenzero e l'aglio. Friggere a fuoco medio per 30 secondi.

- Aggiungere lo scalogno e il peperone verde. Friggere per un minuto.

- Aggiungere il pollo, la curcuma, il sale, il coriandolo macinato, il garam masala e il cumino. Mescolare bene. Coprite con un coperchio e fate cuocere a fuoco basso per 20 minuti. Aggiungere il latte di cocco. Cuocere a fuoco lento per 20 minuti.

- Guarnire con foglie di curry e servire caldo.

Stufato di pollo

Per 4 persone

ingredienti

1 cucchiaio di olio vegetale raffinato

2 chiodi di garofano

1 pollice/2,5 cm di cannella

6 grani di pepe nero

3 foglie di alloro

2 cipolle grandi tagliate in 8 pezzi

1 cucchiaino di pasta di zenzero

1 cucchiaino di pasta all'aglio

8 cosce di pollo

200 g di verdure miste surgelate

250 ml/8 fl oz di acqua

Sale a piacere

2 cucchiaini di farina bianca, sciolta in 360 ml/12 fl oz di latte

Metodo

- Scaldare l'olio in una padella. Aggiungere i chiodi di garofano, la cannella, i grani di pepe e le foglie di alloro. Lasciali sputare per 30 secondi.

- Aggiungere la cipolla, la pasta di zenzero e la pasta d'aglio. Friggere per 2 minuti.

- Aggiungere il resto degli ingredienti, tranne la miscela di farina. Coprite con un coperchio e lasciate cuocere a fuoco lento per 30 minuti. Aggiungere il composto di farina. Mescolare bene.

- Cuocere a fuoco lento per 10 minuti, mescolando spesso. Servire caldo.

Pollo Himani

(Pollo al cardamomo)

Per 4 persone

ingredienti

1 kg di pollo, tagliato in 10 pezzi

3 cucchiai di olio vegetale raffinato

¼ cucchiaino di cardamomo verde macinato

Sale a piacere

Per il sottaceto:

1 cucchiaino di pasta di zenzero

1 cucchiaino di pasta all'aglio

Yogurt 200g/7oz

2 cucchiai di foglie di menta, macinate

Metodo

- Mescolare insieme tutti gli ingredienti per la marinata. Marinare il pollo con questa miscela per 4 ore.

- Scaldare l'olio in una padella. Aggiungere il pollo marinato e soffriggere a fuoco basso per 10 minuti. Aggiungi cardamomo e sale. Mescolare bene e cuocere per 30 minuti, mescolando spesso. Servire caldo.

Pollo bianco

Per 4 persone

ingredienti

750g/1lb 10oz pollo disossato, tritato

1 cucchiaino di pasta di zenzero

1 cucchiaino di pasta all'aglio

1 cucchiaio di burro chiarificato

2 chiodi di garofano

1 pollice/2,5 cm di cannella

8 grani di pepe nero

2 foglie di alloro

Sale a piacere

250 ml/8 fl oz di acqua

30 g/1 oz di anacardi, macinati

10-12 mandorle, macinate

1 cucchiaio di panna liquida

Metodo

- Marinare il pollo con pasta di zenzero e pasta d'aglio per 30 minuti.

- Scaldare il burro chiarificato in una padella. Aggiungere i chiodi di garofano, la cannella, i grani di pepe, le foglie di alloro e il sale. Lasciali sputare per 15 secondi.

- Aggiungere il pollo marinato e l'acqua. Cuocere a fuoco lento per 30 minuti. Aggiungere gli anacardi, le mandorle e la panna. Cuocere per 5 minuti e servire caldo.

Pollo al masala rosso

Per 4 persone

ingredienti

3 cucchiai di olio vegetale raffinato

2 cipolle grandi, affettate sottilmente

1 cucchiaio di semi di papavero

5 peperoni rossi secchi

50 g di cocco fresco, grattugiato

1 pollice/2,5 cm di cannella

2 cucchiaini di pasta di tamarindo

6 spicchi d'aglio

500g/1lb 2oz pollo, tritato

2 pomodori, affettati sottilmente

1 cucchiaio di coriandolo macinato

1 cucchiaino di cumino macinato

500 ml/16 fl oz di acqua

Sale a piacere

Metodo

- Scaldare l'olio in una padella. Soffriggere la cipolla a fuoco medio fino a doratura. Aggiungere i semi di papavero, il peperoncino, il cocco e la cannella. Cuocere per 3 minuti.

- Aggiungere la pasta di tamarindo e l'aglio. Mescolare bene e macinare fino a ottenere una pasta.

- Mescolare questa pasta con tutti gli altri ingredienti. Cuocere il composto in una casseruola a fuoco basso per 40 minuti. Servire caldo.

Jhalfrezie di pollo

(pollo in salsa densa di pomodoro)

Per 4 persone

ingredienti

3 cucchiai di olio vegetale raffinato

3 cipolle grandi, tritate finemente

Radice di zenzero di 2,5 cm, affettata sottilmente

1 cucchiaino di pasta all'aglio

1 kg di pollo, tagliato in 8 pezzi

½ cucchiaino di curcuma

3 cucchiaini di coriandolo macinato

1 cucchiaino di cumino macinato

4 pomodori, sbollentati e passati

Sale a piacere

Metodo

- Scaldare l'olio in una padella. Aggiungere la pasta di cipolla, zenzero e aglio. Friggere a fuoco medio fino a quando la cipolla è dorata.

- Aggiungere il pollo, la curcuma, il coriandolo macinato e il cumino macinato. Cuocere per 5 minuti.

- Aggiungere la passata di pomodoro e il sale. Mescolare bene e cuocere a fuoco basso per 40 minuti, mescolando di tanto in tanto. Servire caldo.

Pollo al curry semplice

Per 4 persone

ingredienti

2 cucchiai di olio vegetale raffinato

2 cipolle grandi, affettate

½ cucchiaino di curcuma

1 cucchiaino di pasta di zenzero

1 cucchiaino di pasta all'aglio

6 peperoncini verdi, affettati

750g/1lb 10oz pollo, tagliato in 8 pezzi

Yogurt 125 g/4½ oz

Khoya da 125 g/4½ once*

Sale a piacere

50 g di foglie di coriandolo tritate finemente

Metodo

- Scaldare l'olio in una padella. Aggiungi le cipolle. Friggere finché non diventano trasparenti.

- Aggiungere la curcuma, la pasta di zenzero, la pasta d'aglio e i peperoncini verdi. Friggere a fuoco medio per 2 minuti. Aggiungere il pollo e friggere per 5 minuti.

- Aggiungi yogurt, khoya e sale. Mescolare bene. Coprite con un coperchio e fate cuocere a fuoco basso per 30 minuti, mescolando di tanto in tanto.

- Guarnire con foglie di coriandolo. Servire caldo.

Pollo al curry in agrodolce

Per 4 persone

ingredienti

1 kg di pollo, tagliato in 8 pezzi

Sale a piacere

½ cucchiaino di curcuma

4 cucchiai di olio vegetale raffinato

3 cipolle, tritate finemente

8 foglie di curry

3 pomodori, tritati finemente

1 cucchiaino di pasta di zenzero

1 cucchiaino di pasta all'aglio

1 cucchiaio di coriandolo macinato

1 cucchiaino di garam masala

1 cucchiaio di pasta di tamarindo

½ cucchiaio di pepe nero macinato

250 ml/8 fl oz di acqua

Metodo

- Marinare i pezzi di pollo con sale e curcuma per 30 minuti.

- Scaldare l'olio in una padella. Aggiungere le cipolle e le foglie di curry. Friggere a fuoco basso fino a quando la cipolla è trasparente.

- Aggiungere tutti gli altri ingredienti e il pollo marinato. Mescolare bene, coprire con un coperchio e cuocere a fuoco lento per 40 minuti. Servire caldo.

Anjeer di pollo secco

(pollo secco con fichi)

Per 4 persone

ingredienti

750g/1lb 10oz pollo, tagliato in 12 pezzi

4 cucchiai di burro chiarificato

2 cipolle grandi, tritate finemente

250 ml/8 fl oz di acqua

Sale a piacere

Per il sottaceto:

10 fichi secchi, ammollati per 1 ora

1 cucchiaino di pasta di zenzero

1 cucchiaino di pasta all'aglio

Yogurt 200g/7oz

1½ cucchiaino di garam masala

2 cucchiai di panna liquida

Metodo

- Mescolare insieme tutti gli ingredienti per la marinata. Marinare il pollo con questa miscela per un'ora.

- Scaldare il burro chiarificato in una padella. Soffriggere la cipolla a fuoco medio fino a doratura.

- Aggiungere il pollo marinato, l'acqua e il sale. Mescolare bene, coprire con un coperchio e cuocere a fuoco lento per 40 minuti. Servire caldo.

Yogurt di pollo

Per 4 persone

ingredienti

30 g di foglie di menta tritate finemente

30 g di foglie di coriandolo tritate

2 cucchiaini di pasta di zenzero

2 cucchiaini di pasta d'aglio

Yogurt 400g/14oz

Passata di pomodoro 200g/7oz

Succo di 1 limone

1 kg di pollo, tagliato in 12 pezzi

2 cucchiai di olio vegetale raffinato

4 cipolle grandi, tritate finemente

Sale a piacere

Metodo

- Macina le foglie di menta e le foglie di coriandolo in una pasta fine. Mescolare con pasta di zenzero, pasta d'aglio, yogurt, passata di pomodoro e succo di limone. Marinare il pollo con questa miscela per 3 ore.

- Scaldare l'olio in una padella. Soffriggere la cipolla a fuoco medio fino a doratura.

- Aggiungere il pollo marinato. Coprire con un coperchio e cuocere a fuoco lento per 40 minuti, mescolando di tanto in tanto. Servire caldo.

Pollo fritto piccante

Per 4 persone

ingredienti

1 cucchiaino di pasta di zenzero

2 cucchiaini di pasta d'aglio

2 peperoncini verdi, tritati finemente

1 cucchiaino di peperoncino in polvere

1 cucchiaino di garam masala

2 cucchiaini di succo di limone

½ cucchiaino di curcuma

Sale a piacere

1 kg di pollo, tagliato in 8 pezzi

Olio vegetale raffinato per friggere

Pangrattato, per ricoprire

Metodo

- Mescolare pasta di zenzero, pasta d'aglio, peperoncini verdi, peperoncino in polvere, garam masala, succo di limone, curcuma e sale. Marinare il pollo con questa miscela per 3 ore.

- Scaldare l'olio in una padella. Coprire ogni pezzo di pollo marinato con pangrattato e friggere a fuoco medio fino a doratura.

- Scolare su carta assorbente e servire caldo.

Pollo superbo

Per 4 persone

ingredienti

1 cucchiaino di pasta di zenzero

1 cucchiaino di pasta all'aglio

1 kg di pollo, tagliato in 8 pezzi

Yogurt 200g/7oz

Sale a piacere

250 ml/8 fl oz di acqua

2 cucchiai di olio vegetale raffinato

2 cipolle grandi, affettate

4 peperoni rossi

5 cm/2 pollici di cannella

2 baccelli di cardamomo neri

4 chiodi di garofano

1 cucchiaio di chana dhal*, fritto a secco

Metodo

- Mescolare insieme pasta di zenzero e pasta d'aglio. Marinare il pollo con questa miscela per 30 minuti. Aggiungere lo yogurt, il sale e l'acqua. Mettere da parte.

- Scaldare l'olio in una padella. Aggiungi cipolla, peperoncino, cannella, cardamomo, chiodi di garofano e chana dhal. Friggere per 3-4 minuti a fuoco basso.

- Macinare in una pasta e aggiungere al composto di pollo. Mescolare bene.

- Cuocere a fuoco basso per 30 minuti. Servire caldo.

Vindaloo pollo

(Pollo al curry piccante di Goa)

Per 4 persone

ingredienti

60 ml di aceto di malto

1 cucchiaio di semi di cumino

1 cucchiaino di pepe in grani

6 peperoni rossi

1 cucchiaino di curcuma

Sale a piacere

4 cucchiai di olio vegetale raffinato

3 cipolle grandi, tritate finemente

1 kg di pollo, tagliato in 8 pezzi

Metodo

- Macina l'aceto con il cumino, i grani di pepe, il peperoncino, la curcuma e il sale fino a ottenere una pasta liscia. Mettere da parte.

- Scaldare l'olio in una padella. Aggiungere la cipolla e soffriggere fino a renderla traslucida. Aggiungere l'aceto e la pasta di semi di cumino. Mescolare bene e cuocere per 4-5 minuti.

- Aggiungere il pollo e cuocere a fuoco basso per 30 minuti. Servire caldo.

Pollo caramellato

Per 4 persone

ingredienti

Yogurt 200g/7oz

1 cucchiaino di pasta di zenzero

1 cucchiaino di pasta all'aglio

2 cucchiai di coriandolo macinato

1 cucchiaino di cumino macinato

1½ cucchiaino di garam masala

Sale a piacere

1 kg di pollo, tagliato in 8 pezzi

3 cucchiai di olio vegetale raffinato

2 cucchiaini di zucchero

3 chiodi di garofano

1 pollice/2,5 cm di cannella

6 grani di pepe nero

Metodo

- Unire yogurt, pasta di zenzero, pasta d'aglio, coriandolo macinato, cumino macinato, garam masala e sale. Marinare il pollo con questa miscela durante la notte.

- Scaldare l'olio in una padella. Aggiungere lo zucchero, i chiodi di garofano, la cannella e i grani di pepe. Friggere per un minuto. Aggiungere il pollo marinato e cuocere a fuoco basso per 40 minuti. Servire caldo.

Pollo agli anacardi

Per 4 persone

ingredienti

1 kg di pollo, tagliato in 12 pezzi

Sale a piacere

1 cucchiaino di pasta di zenzero

1 cucchiaino di pasta all'aglio

4 cucchiai di olio vegetale raffinato

4 cipolle grandi, affettate

15 anacardi, schiacciati

6 peperoncini rossi, ammollati 15 minuti

2 cucchiaini di cumino macinato

60 ml di ketchup

500 ml/16 fl oz di acqua

Metodo

- Marinare il pollo con il sale e le paste di zenzero e aglio per 1 ora.

- Scaldare l'olio in una padella. Soffriggere la cipolla a fuoco medio fino a doratura.

- Aggiungi anacardi, paprika, cumino e ketchup. Cuocere per 5 minuti.

- Aggiungere il pollo e l'acqua. Cuocere a fuoco lento per 40 minuti e servire caldo.

Pollo veloce

Per 4 persone

ingredienti

4 cucchiai di olio vegetale raffinato

6 peperoni rossi

6 grani di pepe nero

1 cucchiaino di semi di coriandolo

1 cucchiaino di semi di cumino

1 pollice/2,5 cm di cannella

4 chiodi di garofano

1 cucchiaino di curcuma

8 spicchi d'aglio

1 cucchiaino di pasta di tamarindo

4 cipolle medie, affettate sottilmente

2 pomodori grandi, tritati finemente

1 kg di pollo, tagliato in 12 pezzi

250 ml/8 fl oz di acqua

Sale a piacere

Metodo

- Scaldare mezzo cucchiaio di olio in una padella. Aggiungere peperoncino rosso, grani di pepe, semi di coriandolo, cumino, cannella e chiodi di garofano. Friggerli a fuoco medio per 2-3 minuti.
- Aggiungere la curcuma, l'aglio e la pasta di tamarindo. Macinare il composto in una pasta liscia. Mettere da parte.
- Scaldare l'olio rimanente in una padella. Aggiungere la cipolla e soffriggere a fuoco medio fino a doratura. Aggiungere i pomodori e friggere per 3-4 minuti.
- Aggiungere il pollo e friggere per 4-5 minuti.
- Aggiungere acqua e sale. Mescolare bene e coprire con un coperchio. Cuocere a fuoco lento per 40 minuti, mescolando di tanto in tanto.
- Servire caldo.

Coorgi Pollo al Curry

Per 4 persone

ingredienti

1 kg di pollo, tagliato in 12 pezzi

Sale a piacere

1 cucchiaino di curcuma

50 g di cocco grattugiato

3 cucchiai di olio vegetale raffinato

1 cucchiaino di pasta all'aglio

2 cipolle grandi, affettate sottilmente

1 cucchiaino di cumino macinato

1 cucchiaino di coriandolo macinato

360 ml/12 floz di acqua

Metodo

- Marinare il pollo con sale e curcuma per un'ora. Mettere da parte.
- Macina la noce di cocco con acqua a sufficienza per formare una pasta liscia.
- Scaldare l'olio in una padella. Aggiungere la pasta di cocco con la pasta all'aglio, la cipolla, il cumino macinato e il coriandolo. Cuocere a fuoco basso per 4-5 minuti.
- Aggiungere il pollo marinato. Mescolare bene e cuocere per 4-5 minuti. Aggiungere l'acqua, coprire con un coperchio e cuocere a fuoco lento per 40 minuti. Servire caldo.

Pollo arrosto

Per 4 persone

ingredienti

4 cucchiai di olio vegetale raffinato

1 cucchiaino di pasta di zenzero

1 cucchiaino di pasta all'aglio

2 cipolle grandi, tritate finemente

1 cucchiaino di garam masala

1½ cucchiaio di anacardi, macinati

1½ cucchiaio di semi di melone*, suolo

1 cucchiaino di coriandolo macinato

500g/1lb 2oz pollo disossato

Passata di pomodoro 200g/7oz

2 dadi di brodo di pollo

250 ml/8 fl oz di acqua

Sale a piacere

Metodo

- Scaldare l'olio in una padella. Aggiungere la pasta di zenzero, la pasta d'aglio, la cipolla e il garam masala. Friggere per 2-3 minuti a fuoco basso. Aggiungere gli anacardi, i semi di melone e il coriandolo macinato. Friggere per 2 minuti.
- Aggiungere il pollo e friggere per 5 minuti. Aggiungere la passata di pomodoro, il dado, l'acqua e il sale. Coprire e cuocere a fuoco lento per 40 minuti. Servire caldo.

Pollo agli spinaci

Per 4 persone

ingredienti

3 cucchiai di olio vegetale raffinato

6 chiodi di garofano

5 cm/2 pollici di cannella

2 foglie di alloro

2 cipolle grandi, tritate finemente

12 spicchi d'aglio, tritati finemente

400 g di spinaci, tritati grossolanamente

Yogurt 200g/7oz

250 ml/8 fl oz di acqua

750g/1lb 10oz pollo, tagliato in 8 pezzi

Sale a piacere

Metodo

- Scaldare 2 cucchiai di olio in una padella. Aggiungere i chiodi di garofano, la cannella e le foglie di alloro. Lasciali sputare per 15 secondi.
- Aggiungere la cipolla e soffriggere a fuoco medio fino a quando diventa traslucida.
- Aggiungi aglio e spinaci. Mescolare bene. Cuocere per 5-6 minuti. Raffreddare e macinare con acqua sufficiente per ottenere una pasta liscia.
- Scaldare l'olio rimanente in una padella. Aggiungere la pasta di spinaci e cuocere per 3-4 minuti. Aggiungere lo yogurt e l'acqua. Cuocere per 5-6 minuti. Aggiungere il pollo e il sale. Cuocere a fuoco basso per 40 minuti. Servire caldo.

Pollo indiano

Per 4 persone

ingredienti

4-5 cucchiai di olio vegetale raffinato

4 cipolle grandi, tritate finemente

1 kg di pollo, tagliato in 10 pezzi

Sale a piacere

500 ml/16 fl oz di acqua

Per il mix di spezie:

Radice di zenzero da 2,5 cm/1 pollice

10 spicchi d'aglio

1 cucchiaio di garam masala

2 cucchiaini di semi di finocchio

1½ cucchiaio di semi di coriandolo

60 ml di acqua

Metodo

- Macina gli ingredienti per la miscela di spezie in una pasta liscia. Mettere da parte.
- Scaldare l'olio in una padella. Soffriggere la cipolla a fuoco medio fino a doratura.
- Aggiungi il mix di spezie pasta, pollo e sale. Cuocere per 5-6 minuti. Aggiungere acqua. Coprire e cuocere per 40 minuti. Servire caldo.

Corey Gassi

(Pollo Mangalore al curry)

Per 4 persone

ingredienti

4 cucchiai di olio vegetale raffinato

6 peperoni rossi interi

1 cucchiaino di pepe nero

4 cucchiaini di semi di coriandolo

2 cucchiaini di semi di cumino

150 g/5½ oz di cocco fresco, tritato

8 spicchi d'aglio

500 ml/16 fl oz di acqua

3 cipolle grandi, tritate finemente

1 cucchiaino di curcuma

1 kg di pollo, tagliato in 8 pezzi

2 cucchiaini di pasta di tamarindo

Sale a piacere

Metodo

- Scaldare 1 cucchiaino di olio in una padella. Aggiungere il peperoncino rosso, i grani di pepe, i semi di coriandolo e il cumino. Lasciali sputare per 15 secondi.
- Macina questa miscela in una pasta con cocco, aglio e metà dell'acqua.
- Scaldare l'olio rimanente in una padella. Aggiungere la cipolla, la curcuma e la polpa di cocco. Friggere a fuoco medio per 5-6 minuti.
- Aggiungere il pollo, la pasta di tamarindo, il sale e il resto dell'acqua. Mescolare bene. Coprire con un coperchio e cuocere a fuoco lento per 40 minuti. Servire caldo.

Ghezado di pollo

(Pollo di Goa)

Per 4 persone

ingredienti

3 cucchiai di olio vegetale raffinato

2 cipolle grandi, tritate finemente

1 cucchiaino di pasta di zenzero

1 cucchiaino di pasta all'aglio

2 pomodori, tritati finemente

1 kg di pollo, tagliato in 8 pezzi

1 cucchiaio di coriandolo macinato

2 cucchiai di garam masala

Sale a piacere

250 ml/8 fl oz di acqua

Metodo

- Scaldare l'olio in una padella. Aggiungere la cipolla, la pasta di zenzero e la pasta d'aglio. Friggere per 2 minuti. Aggiungere i pomodori e il pollo. Cuocere per 5 minuti.
- Aggiungi tutti gli ingredienti rimanenti. Cuocere a fuoco lento per 40 minuti e servire caldo.

Pollo in salsa di pomodoro

Per 4 persone

ingredienti

1 cucchiaio di burro chiarificato

2,5 cm di radice di zenzero, tritata finemente

10 spicchi d'aglio, tritati finemente

2 cipolle grandi, tritate finemente

4 peperoni rossi

1 cucchiaino di garam masala

1 cucchiaino di curcuma

Passata di pomodoro 800g/1¾lb

1 kg di pollo, tagliato in 8 pezzi

Sale a piacere

Yogurt 200g/7oz

Metodo

- Scaldare il burro chiarificato in una padella. Aggiungere lo zenzero, l'aglio, la cipolla, il peperoncino, il garam masala e la curcuma. Friggere a fuoco medio per 3 minuti.
- Aggiungere la passata di pomodoro e far rosolare per 4 minuti a fuoco basso.
- Aggiungere il pollo, il sale e lo yogurt. Mescolare bene.
- Coprire e cuocere a fuoco lento per 40 minuti, mescolando di tanto in tanto. Servire caldo.

Shahenshah Murg

(Pollo cotto in una salsa speciale)

Per 4 persone

ingredienti

250 g di arachidi, ammollate per 4 ore

60 g/2 once di uvetta

4 peperoncini verdi, tagliati nel senso della lunghezza

1 cucchiaio di semi di cumino

4 cucchiai di burro chiarificato

1 cucchiaio di cannella in polvere

3 cipolle grandi, tritate finemente

1 kg di pollo, tagliato in 12 pezzi

Sale a piacere

Metodo

- Scolate le arachidi e tritatele con l'uvetta, i peperoncini verdi, il cumino e acqua a sufficienza per formare una pasta liscia. Mettere da parte.
- Scaldare il burro chiarificato in una padella. Aggiungi la cannella in polvere. Lascialo sputare per 30 secondi.
- Aggiungere la cipolla e la pasta di arachidi e uvetta macinata. Friggere per 2-3 minuti.
- Aggiungere il pollo e il sale. Mescolare bene. Cuocere a fuoco basso per 40 minuti, mescolando di tanto in tanto. Servire caldo.

Pollo fare Pyaaza

(Pollo con cipolle)

Per 4 persone

ingredienti

4 cucchiai di burro chiarificato più extra per friggere

4 chiodi di garofano

½ cucchiaino di semi di finocchio

1 cucchiaino di coriandolo macinato

1 cucchiaino di pepe nero macinato

2,5 cm di radice di zenzero, tritata finemente

8 spicchi d'aglio, tritati finemente

4 cipolle grandi, affettate

1 kg di pollo, tagliato in 12 pezzi

½ cucchiaino di curcuma

4 pomodori, tritati finemente

Sale a piacere

Metodo

- Scaldare 4 cucchiai di burro chiarificato in una padella. Aggiungere i chiodi di garofano, i semi di finocchio, il coriandolo macinato e il pepe. Lasciali sputare per 15 secondi.
- Aggiungere lo zenzero, l'aglio e la cipolla. Friggere a fuoco medio per 1-2 minuti.
- Aggiungere il pollo, la curcuma, i pomodori e il sale. Mescolare bene. Cuocere a fuoco basso per 30 minuti, mescolando spesso. Servire caldo.

Pollo bengalese

Per 4 persone

ingredienti

300 gr di yogurt

1 cucchiaino di pasta di zenzero

1 cucchiaino di pasta all'aglio

3 cipolle grandi, 1 grattugiata e 2 tritate finemente

1 cucchiaino di curcuma

2 cucchiaini di peperoncino in polvere

Sale a piacere

1 kg di pollo, tagliato in 12 pezzi

4 cucchiai di olio di senape

500 ml/16 fl oz di acqua

Metodo

- Mescolare lo yogurt, la pasta di zenzero, la pasta d'aglio, la cipolla, la curcuma, il peperoncino in polvere e il sale. Marinare il pollo con questa miscela per 30 minuti.
- Scaldare l'olio in una padella. Aggiungere la cipolla tritata e soffriggere fino a doratura.

- Aggiungere il pollo marinato, l'acqua e il sale. Mescolare bene. Coprire con un coperchio e cuocere a fuoco lento per 40 minuti. Servire caldo.

Lasoni Murgh

(pollo cotto nell'aglio)

Per 4 persone

ingredienti

Yogurt 200g/7oz

2 cucchiai di pasta all'aglio

1 cucchiaino di garam masala

2 cucchiai di succo di limone

1 cucchiaino di pepe nero macinato

5 fili di zafferano

Sale a piacere

750g/1lb 10oz pollo disossato, tagliato in 8 pezzi

2 cucchiai di olio vegetale raffinato

60 ml di doppia panna

Metodo

- Unire lo yogurt, la pasta all'aglio, il garam masala, il succo di limone, il pepe, lo zafferano, il sale e il pollo. Refrigerare la miscela durante la notte.
- Scaldare l'olio in una padella. Aggiungere il composto di pollo, coprire con un coperchio e cuocere a fuoco basso per 40 minuti, mescolando di tanto in tanto.
- Aggiungere la panna e mescolare per un minuto. Servire caldo.

Caffè di pollo

(pollo di Goa in salsa di coriandolo)

Per 4 persone

ingredienti

1 kg di pollo, tagliato in 8 pezzi

5 cucchiai di olio vegetale raffinato

250 ml/8 fl oz di acqua

Sale a piacere

4 limoni, in quarti

Per il sottaceto:

50 g di foglie di coriandolo tritate

Radice di zenzero da 2,5 cm/1 pollice

10 spicchi d'aglio

120 ml di aceto di malto

1 cucchiaio di garam masala

Metodo

- Unire tutti gli ingredienti della marinata e macinare con acqua sufficiente per formare una pasta liscia. Marinare il pollo con questa miscela per un'ora.
- Scaldare l'olio in una padella. Aggiungere il pollo marinato e soffriggere a fuoco medio per 5 minuti. Aggiungere acqua e sale. Coprire con un coperchio e cuocere a fuoco lento per 40 minuti, mescolando di tanto in tanto. Servire caldo con i limoni.

Pollo con albicocche

Per 4 persone

ingredienti

4 cucchiai di olio vegetale raffinato

3 cipolle grandi, affettate sottilmente

1 cucchiaino di pasta di zenzero

1 cucchiaino di pasta all'aglio

1 kg di pollo, tagliato in 8 pezzi

1 cucchiaino di peperoncino in polvere

1 cucchiaino di curcuma

2 cucchiaini di cumino macinato

2 cucchiai di zucchero

300 g di albicocche secche, messe a bagno per 10 minuti

60 ml di acqua

1 cucchiaio di aceto di malto

Sale a piacere

Metodo

- Scaldare l'olio in una padella. Aggiungere la cipolla, la pasta di zenzero e la pasta d'aglio. Friggere a fuoco medio fino a quando la cipolla è dorata.
- Aggiungere il pollo, il peperoncino in polvere, la curcuma, il cumino macinato e lo zucchero. Mescolare bene e cuocere per 5-6 minuti.
- Aggiungi gli altri ingredienti. Cuocere a fuoco lento per 40 minuti e servire caldo.

Pollo grigliato

Per 4 persone

ingredienti

Sale a piacere

1 cucchiaio di aceto di malto

1 cucchiaino di pepe nero macinato

1 cucchiaino di pasta di zenzero

1 cucchiaino di pasta all'aglio

2 cucchiaini di garam masala

1 kg di pollo, tagliato in 8 pezzi

2 cucchiai di burro chiarificato

2 cipolle grandi, affettate

2 pomodori, tritati finemente

Metodo

- Mescolare insieme sale, aceto, pepe, pasta di zenzero, pasta d'aglio e garam masala. Marinare il pollo con questa miscela per un'ora.
- Scaldare il burro chiarificato in una padella. Aggiungere la cipolla e soffriggere a fuoco medio fino a doratura.
- Aggiungere i pomodori e il pollo marinato. Mescolare bene e cuocere per 4-5 minuti.
- Togliere dal fuoco e grigliare il composto per 40 minuti. Servire caldo.

Anatra arrosto al pepe

Per 4 persone

ingredienti

2 cucchiai di aceto di malto

1½ cucchiaino di pasta di zenzero

1 cucchiaino di pasta all'aglio

Sale a piacere

1 cucchiaino di pepe nero macinato

anatra 1 kg/2¼lb

2 cucchiai di burro

2 cucchiai di olio vegetale raffinato

3 cipolle grandi, affettate sottilmente

4 pomodori, tritati finemente

1 cucchiaino di zucchero

500 ml/16 fl oz di acqua

Metodo

- Unire aceto, pasta di zenzero, pasta d'aglio, sale e pepe. Forare l'anatra con una forchetta e lasciarla marinare con questo composto per 1 ora.
- Scaldare il burro e l'olio insieme in una padella. Aggiungi cipolle e pomodori. Friggere a fuoco medio per 3-4 minuti. Aggiungere l'anatra, lo zucchero e l'acqua. Mescolare bene e cuocere a fuoco lento per 45 minuti. Servire caldo.

Bhuna di pollo

(pollo cotto nello yogurt)

Per 4 persone

ingredienti

4 cucchiai di olio vegetale raffinato

1 kg di pollo, tagliato in 12 pezzi

1 cucchiaino di pasta di zenzero

1 cucchiaino di pasta all'aglio

½ cucchiaino di curcuma

2 cipolle grandi, tritate finemente

1½ cucchiaino di garam masala

1 cucchiaino di pepe nero appena macinato

150 g di yogurt, montato

Sale a piacere

Metodo

- Scaldare l'olio in una padella. Aggiungere il pollo e soffriggere a fuoco medio per 6-7 minuti. Scolare e mettere da parte.
- Allo stesso olio, aggiungi la pasta di zenzero, la pasta d'aglio, la curcuma e la cipolla. Cuocere a fuoco medio per 2 minuti, mescolando spesso.
- Aggiungere il pollo fritto e tutti gli altri ingredienti. Cuocere per 40 minuti a fuoco basso. Servire caldo.

Pollo all'uovo al curry

Per 4 persone

ingredienti

6 spicchi d'aglio

Radice di zenzero da 2,5 cm/1 pollice

25 g/1 oz di cocco fresco grattugiato

2 cucchiaini di semi di papavero

1 cucchiaino di garam masala

1 cucchiaino di semi di cumino

1 cucchiaio di semi di coriandolo

1 cucchiaino di curcuma

Sale a piacere

4 cucchiai di olio vegetale raffinato

2 cipolle grandi, tritate finemente

1 kg di pollo, tagliato in 8 pezzi

4 uova sode e tagliate a metà

Metodo

- Tritare insieme aglio, zenzero, cocco, semi di papavero, garam masala, cumino, semi di coriandolo, curcuma e sale. Mettere da parte.
- Scaldare l'olio in una padella. Aggiungere la cipolla e la pasta macinata. Friggere a fuoco medio per 3-4 minuti. Aggiungere il pollo e mescolare bene per ricoprire.
- Cuocere a fuoco lento per 40 minuti. Guarnire con le uova e servire caldo.

Pollo fritto piccante

Per 4 persone

ingredienti

1 kg di pollo, tagliato in 8 pezzi

8 fl oz/250 ml di olio vegetale raffinato

Per il sottaceto:

1½ cucchiaino di coriandolo macinato

4 baccelli di cardamomo verde

7,5 cm / 3 pollici Cannella

½ cucchiaino di semi di finocchio

1 cucchiaio di garam masala

4-6 spicchi d'aglio

Radice di zenzero da 2,5 cm/1 pollice

1 cipolla grande, grattugiata

1 pomodoro grande, passato

Sale a piacere

Metodo

- Macina insieme tutti gli ingredienti per la marinata. Marinare il pollo con questa miscela per 30 minuti.
- Cuocere il pollo marinato in una padella a fuoco medio per 30 minuti, mescolando di tanto in tanto.
- Scaldare l'olio e friggere il pollo cotto per 5-6 minuti. Servire caldo.

Goan Kombdi

(pollo al curry di Goa)

Per 4 persone

ingredienti

1 kg di pollo, tagliato in 8 pezzi

Sale a piacere

½ cucchiaino di curcuma

6 peperoni rossi

5 chiodi di garofano

5 cm/2 pollici di cannella

1 cucchiaio di semi di coriandolo

½ cucchiaino di semi di fieno greco

½ cucchiaino di semi di senape

4 cucchiai di olio

1 cucchiaio di pasta di tamarindo

500 ml/16 fl oz di latte di cocco

Metodo

- Marinare il pollo con sale e curcuma per 1 ora. Mettere da parte.
- Macina insieme i peperoncini, i chiodi di garofano, la cannella, i semi di coriandolo, i semi di fieno greco e i semi di senape con abbastanza acqua da formare una pasta.
- Scaldare l'olio in una padella. Cuocere l'impasto per 4 minuti. Aggiungere il pollo, la pasta di tamarindo e il latte di cocco. Cuocere a fuoco lento per 40 minuti e servire caldo.

pollo al curry del sud

Per 4 persone

ingredienti

16 anacardi

6 peperoni rossi

2 cucchiai di semi di coriandolo

½ cucchiaino di semi di cumino

1 cucchiaio di succo di limone

5 cucchiai di burro chiarificato

3 cipolle grandi, tritate finemente

10 spicchi d'aglio, tritati finemente

2,5 cm di radice di zenzero, tritata finemente

1 kg di pollo, tagliato in 12 pezzi

1 cucchiaino di curcuma

Sale a piacere

500 ml/16 fl oz di latte di cocco

Metodo

- Macina gli anacardi, i peperoncini, i semi di coriandolo, il cumino e il succo di limone con acqua a sufficienza per formare una pasta liscia. Mettere da parte.
- Riscalda il burro chiarificato. Aggiungere la cipolla, l'aglio e lo zenzero. Friggere per 2 minuti.
- Aggiungere il pollo, la curcuma, il sale e la pasta di anacardi. Cuocere per 5 minuti. Aggiungere il latte di cocco e cuocere a fuoco lento per 40 minuti. Servire caldo.

Nizami di pollo

(Pollo preparato con zafferano e mandorle)

Per 4 persone

ingredienti

4 cucchiai di olio vegetale raffinato

1 pollo grande, tagliato in 8 pezzi

Sale a piacere

750ml/1¼ pinta di latte

½ cucchiaino di zafferano, ammollato in 2 cucchiaini di latte

Per il mix di spezie:

1 cucchiaio di pasta di zenzero

3 cucchiai di semi di papavero

5 peperoni rossi

Cocco essiccato 25g/1oz

20 mandorle

6 cucchiai di latte

Metodo

- Macina gli ingredienti per la miscela di spezie in una pasta liscia.
- Scaldare l'olio in una padella. Friggere l'impasto a fuoco basso per 4 minuti.
- Aggiungere il pollo, il sale e il latte. Cuocere a fuoco lento per 40 minuti, mescolando spesso. Aggiungere lo zafferano e cuocere a fuoco lento per altri 5 minuti. Servire caldo.

buffet di anatra

(anatra cotta con verdure)

Per 4 persone

ingredienti

4 cucchiai di burro chiarificato

3 cipolle grandi, tagliate in quarti

750g/1lb 10oz anatra, tagliata in 8 pezzi

3 patate grandi, a dadini

50 g di cavolo, tritato

200 g di piselli surgelati

1 cucchiaino di curcuma

4 peperoncini verdi, tagliati nel senso della lunghezza

1 cucchiaino di cannella in polvere

1 cucchiaino di chiodi di garofano macinati

30 g di foglie di menta tritate finemente

Sale a piacere

750 ml/1¼ di pinta d'acqua

1 cucchiaio di aceto di malto

Metodo

- Scaldare il burro chiarificato in una padella. Aggiungere la cipolla e soffriggere a fuoco medio fino a doratura. Aggiungere l'anatra e rosolare per 5-6 minuti.
- Aggiungere il resto degli ingredienti, tranne l'acqua e l'aceto. Cuocere per 8 minuti. Aggiungere acqua e aceto. Cuocere a fuoco lento per 40 minuti. Servire caldo.

Adraki Murg

(pollo allo zenzero)

Per 4 persone

ingredienti

2 cucchiai di olio vegetale raffinato

2 cipolle grandi, tritate finemente

2 cucchiai di pasta di zenzero

½ cucchiaino di pasta all'aglio

½ cucchiaino di curcuma

1 cucchiaio di garam masala

1 pomodoro, tritato finemente

1 kg di pollo, tagliato in 12 pezzi

Sale a piacere

Metodo

- Scaldare l'olio in una padella. Aggiungere la cipolla, la pasta di zenzero e la pasta d'aglio e soffriggere a fuoco medio per 1-2 minuti.
- Aggiungere tutti gli altri ingredienti e far rosolare per 5-6 minuti.
- Grigliare il composto per 40 minuti e servire caldo.

Bharva Mugh

(pollo ripieno)

Per 4 persone

ingredienti

½ cucchiaino di pasta di zenzero

½ cucchiaino di pasta all'aglio

1 cucchiaino di pasta di tamarindo

1 kg di pollo

75 g/2½ once di burro chiarificato

2 cipolle grandi, tritate finemente

Sale a piacere

3 patate grandi, tritate

2 cucchiaini di coriandolo macinato

1 cucchiaino di cumino macinato

1 cucchiaino di senape in polvere

50 g di foglie di coriandolo tritate

2 chiodi di garofano

1 pollice/2,5 cm di cannella

Metodo

- Mescolare le paste di zenzero, aglio e tamarindo. Marinare il pollo con il composto per 3 ore. Mettere da parte.
- Scaldare il burro chiarificato in una padella e soffriggere la cipolla fino a doratura. Aggiungere tutti gli altri ingredienti tranne il pollo marinato. Cuocere per 6 minuti.
- Farcire questa miscela nel pollo marinato. Cuocere in forno a 190°C (375°F, gas 5) per 45 minuti. Servire caldo.

Malaida Murgh

(pollo cotto in salsa cremosa)

Per 4 persone

ingredienti

4 cucchiai di olio vegetale raffinato

2 cipolle grandi, tritate finemente

cucchiaino di chiodi di garofano macinati

Sale a piacere

1 kg di pollo, tagliato in 12 pezzi

250 ml/8 fl oz di acqua

3 pomodori, tritati finemente

125 g di yogurt, montato

500ml/16fl oz di panna liquida

2 cucchiai di anacardi, macinati

10 g di foglie di coriandolo, tritate

Metodo

- Scaldare l'olio in una padella. Aggiungere la cipolla, i chiodi di garofano e il sale. Friggere a fuoco medio per 3 minuti. Aggiungere il pollo e friggere per 7-8 minuti.
- Aggiungere acqua e pomodori. Cuocere per 30 minuti.
- Aggiungere lo yogurt, la panna e gli anacardi. Cuocere a fuoco lento per 10 minuti.
- Guarnire con foglie di coriandolo e servire caldo.

Pollo al curry di Bombay

Per 4 persone

ingredienti

8 cucchiai di olio vegetale raffinato

1 kg di pollo, tagliato in 12 pezzi

2 cipolle grandi, affettate

1 cucchiaino di pasta di zenzero

1 cucchiaino di pasta all'aglio

4 chiodi di garofano, terra

2,5 cm di cannella in polvere

1 cucchiaino di cumino macinato

Sale a piacere

2 pomodori, tritati finemente

500 ml/16 fl oz di acqua

Metodo

- Scaldare metà dell'olio in una padella. Aggiungere il pollo e friggere a fuoco medio per 5-6 minuti. Mettere da parte.
- Scaldare l'olio rimanente in una padella. Aggiungere la cipolla, la pasta di zenzero e la pasta d'aglio e soffriggere a fuoco medio finché la cipolla non diventa dorata. Aggiungere il resto degli ingredienti, tranne l'acqua e il pollo. Rosolare per 5-6 minuti.
- Aggiungere il pollo fritto e l'acqua. Cuocere a fuoco lento per 30 minuti e servire caldo.

Durbari di pollo

(Pollo in salsa ricca)

Per 4 persone

ingredienti

150g/5½oz chana dhal*

Sale a piacere

1 litro/1¾ pinte di acqua

Radice di zenzero da 2,5 cm/1 pollice

10 spicchi d'aglio

4 peperoni rossi

3 cucchiai di burro chiarificato

2 cipolle grandi, tritate finemente

½ cucchiaino di curcuma

2 cucchiai di garam masala

½ cucchiaio di semi di papavero

2 pomodori, tritati finemente

1 kg di pollo, tagliato in 10-12 pezzi

2 cucchiaini di pasta di tamarindo

20 anacardi, schiacciati

250 ml/8 fl oz di acqua

250 ml/8 fl oz di latte di cocco

Metodo

- Mescolare il dhal con sale e metà dell'acqua. Cuocere in una casseruola a fuoco medio per 45 minuti. Macinare in una pasta con zenzero, aglio e peperoncino.
- Scaldare il burro chiarificato in una padella. Aggiungere la cipolla, la miscela di dhal e la curcuma. Friggere a fuoco medio per 3-4 minuti. Aggiungi tutti gli ingredienti rimanenti.
- Mescolare bene e cuocere a fuoco lento per 40 minuti, mescolando di tanto in tanto. Servire caldo.

Anatra arrosto

Per 4 persone

ingredienti

3 cucchiai di aceto di malto

2 cucchiai di coriandolo macinato

½ cucchiaino di pepe nero macinato

Sale a piacere

1 kg di anatra, tagliata in 8 pezzi

60 ml di olio vegetale raffinato

2 cipolle piccole

1 litro/1¾ pinte di acqua calda

Metodo

- Mescolare l'aceto con il coriandolo macinato, il pepe e il sale. Marinare l'anatra con questa miscela per 1 ora.
- Scaldare l'olio in una padella. Soffriggere la cipolla a fuoco medio fino a doratura.
- Aggiungere acqua, sale e anatra. Cuocere a fuoco lento per 45 minuti e servire caldo.

Pollo al coriandolo e aglio

Per 4 persone

ingredienti

4 cucchiai di olio vegetale raffinato

5 cm/2 pollici di cannella

3 baccelli di cardamomo verde

4 chiodi di garofano

2 foglie di alloro

3 cipolle grandi, tritate finemente

10 spicchi d'aglio, tritati finemente

1 cucchiaino di pasta di zenzero

3 pomodori, tritati finemente

1 pollo grande, tritato

250 ml/8 fl oz di acqua

150 g di foglie di coriandolo, tritate

Sale a piacere

Metodo

- Scaldare l'olio in una padella. Aggiungere cannella, cardamomo, chiodi di garofano, alloro, cipolla, aglio e pasta di zenzero. Friggere per 2-3 minuti.
- Aggiungi tutti gli ingredienti rimanenti. Cuocere a fuoco lento per 40 minuti e servire caldo.

Anatra Masala

Per 4 persone

ingredienti

30 g/1 oz di burro chiarificato più 1 cucchiaio per friggere

1 cipolla grande, affettata sottilmente

1 cucchiaino di pasta di zenzero

1 cucchiaino di pasta all'aglio

1 cucchiaino di coriandolo macinato

½ cucchiaino di pepe nero macinato

1 cucchiaino di curcuma

1 kg di anatra, tagliata in 12 pezzi

1 cucchiaio di aceto di malto

Sale a piacere

5 cm/2 pollici di cannella

3 chiodi di garofano

1 cucchiaino di semi di senape

Metodo

- Scaldare 30 g di burro chiarificato in una padella. Aggiungere la cipolla, la pasta di zenzero, la pasta d'aglio, il coriandolo, il pepe e la curcuma. Cuocere per 6 minuti.
- Aggiungi l'anatra. Friggere a fuoco medio per 5 minuti. Aggiungere l'aceto e il sale. Mescolare bene e cuocere a fuoco lento per 40 minuti. Mettere da parte.
- Riscaldare il resto del burro chiarificato in una padella e aggiungere la cannella, i chiodi di garofano e i semi di senape. Lasciali sputare per 15 secondi. Versarlo sul composto di anatra e servire caldo.

Pollo alla senape

Per 4 persone

ingredienti

2 pomodori grandi, tritati finemente

10 g di foglie di menta tritate finemente

30 g di foglie di coriandolo tritate

Radice di zenzero da 2,5 cm, sbucciata

8 spicchi d'aglio

3 cucchiai di olio di senape

2 cucchiaini di semi di senape

½ cucchiaino di semi di fieno greco

1 kg di pollo, tagliato in 12 pezzi

500 ml/16 fl oz di acqua tiepida

Sale a piacere

Metodo

- Macina pomodori, foglie di menta, foglie di coriandolo, zenzero e aglio fino a ottenere una pasta liscia. Mettere da parte.
- Scaldare l'olio in una padella. Aggiungere i semi di senape e i semi di fieno greco. Lasciali sputare per 15 secondi.
- Aggiungere la passata di pomodoro e far rosolare a fuoco medio per 2-3 minuti. Aggiungere il pollo, l'acqua e il sale. Mescolare bene e cuocere a fuoco lento per 40 minuti. Servire caldo.

Murgh Lassanwallah

(pollo all'aglio)

Per 4 persone

ingredienti

Yogurt 400g/14oz

3 cucchiaini di pasta d'aglio

1½ cucchiaino di garam masala

Sale a piacere

750g/1lb 10oz pollo disossato, tagliato in 12 pezzi

1 cucchiaio di olio vegetale raffinato

1 cucchiaino di semi di cumino

25 g/foglie piccole di aneto

500 ml di latte

1 cucchiaio di pepe nero macinato

Metodo

- Mescolare lo yogurt, la pasta all'aglio, il garam masala e il sale. Marinare il pollo con questa miscela per 10-12 ore.
- Riscaldare l'olio. Aggiungi il cumino e sputa per 15 secondi. Aggiungere il pollo marinato e soffriggere a fuoco medio per 20 minuti.
- Aggiungere le foglie di aneto, il latte e il pepe. Cuocere a fuoco lento per 15 minuti. Servire caldo.

Chettinad di pollo al pepe

(pollo al pepe dell'India meridionale)

Per 4 persone

ingredienti

2½ cucchiai di olio vegetale raffinato

10 foglie di curry

3 cipolle grandi, tritate finemente

1 cucchiaino di pasta di zenzero

1 cucchiaino di pasta all'aglio

½ cucchiaino di curcuma

2 pomodori, tritati finemente

½ cucchiaino di semi di finocchio macinati

cucchiaino di chiodi di garofano macinati

500 ml/16 fl oz di acqua

1 kg di pollo, tagliato in 12 pezzi

Sale a piacere

1½ cucchiaino di pepe nero macinato grossolanamente

Metodo

- Scaldare l'olio in una padella. Aggiungere le foglie di curry, la cipolla, la pasta di zenzero e la pasta d'aglio. Friggere a fuoco medio per un minuto.
- Aggiungi tutti gli ingredienti rimanenti. Cuocere a fuoco lento per 40 minuti e servire caldo.

Pollo tritato con uovo

Per 4 persone

ingredienti

3 cucchiai di olio vegetale raffinato

4 uova, sode e affettate

2 cipolle grandi, tritate finemente

2 cucchiaini di pasta di zenzero

2 cucchiaini di pasta d'aglio

2 pomodori, tritati finemente

1 cucchiaino di cumino macinato

2 cucchiaini di coriandolo macinato

½ cucchiaino di curcuma

8-10 foglie di curry

1 cucchiaino di garam masala

750g/1lb 10oz pollo, tritato

Sale a piacere

360 ml/12 floz di acqua

Metodo

- Scaldare l'olio in una padella. Aggiungi le uova. Cuocere per 2 minuti e mettere da parte.
- Aggiungere la cipolla, la pasta di zenzero e la pasta d'aglio nello stesso olio. Friggere a fuoco medio per 2-3 minuti.
- Aggiungere tutti gli altri ingredienti tranne l'acqua. Mescolare bene e cuocere per 5 minuti. Aggiungere acqua. Cuocere a fuoco lento per 30 minuti.
- Guarnire con le uova. Servire caldo.

Pollo secco

Per 4 persone

ingredienti

1 kg di pollo, tagliato in 12 pezzi

6 cucchiai di olio vegetale raffinato

3 cipolle grandi, affettate sottilmente

Per il sottaceto:

8 peperoni rossi

1 cucchiaio di semi di sesamo

1 cucchiaio di semi di coriandolo

1 cucchiaino di garam masala

4 baccelli di cardamomo verde

10 spicchi d'aglio

3,5 cm/1½ nella radice di zenzero

6 cucchiai di aceto di malto

Sale a piacere

Metodo

- Macina tutti gli ingredienti per la marinata fino a ottenere una pasta liscia. Marinare il pollo con questa pasta per 3 ore.
- Scaldare l'olio in una padella. Soffriggere la cipolla a fuoco basso fino a doratura. Aggiungere il pollo e cuocere per 40 minuti, mescolando spesso. Servire caldo.

Spiedini di pesce

Per 4 persone

ingredienti

1 kg di pesce spada, senza pelle e sfilettato

4 cucchiai di olio vegetale raffinato più un po' di più per friggere

75g/2½oz chana dhal*, immerso in 250 ml di acqua per 30 minuti

3 chiodi di garofano

½ cucchiaino di semi di cumino

Radice di zenzero da 2,5 cm, grattugiata

10 spicchi d'aglio

1 pollice/2,5 cm di cannella

2 baccelli di cardamomo neri

8 grani di pepe nero

4 peperoni rossi secchi

cucchiaino: curcuma

1 cucchiaio di yogurt greco

1 cucchiaino di semi di cumino nero

Per il ripieno:

2 fichi secchi, tritati finemente

4 albicocche secche, tritate finemente

Succo di 1 limone

10 g di foglie di menta tritate finemente

10 g di foglie di coriandolo, tritate finemente

Sale a piacere

Metodo

- Cuocere a vapore il pesce a fuoco medio per 10 minuti. Mettere da parte.

- Scaldare 2 cucchiai di olio in una padella. Scolare il dhal e friggere a fuoco medio fino a doratura.

- Mescolare dhal con chiodi di garofano, cumino, zenzero, aglio, cannella, cardamomo, pepe in grani, peperoncino rosso, curcuma, yogurt e cumino nero. Macina questa miscela con abbastanza acqua per formare una pasta liscia. Mettere da parte.

- Scaldare 2 cucchiai di olio in una padella. Aggiungere questa pasta e cuocere a fuoco medio per 4-5 minuti.

- Aggiungere il pesce al vapore. Mescolare bene e mescolare per 2 minuti.

- Dividete il composto in 8 porzioni e formate delle polpette. Mettere da parte.

- Mescolare insieme tutti gli ingredienti del ripieno. Dividi in 8 porzioni.

- Appiattire le polpette e adagiare con cura un po' di ripieno su ogni polpetta. Chiudete a tasca e arrotolate ancora formando una pallina. Appiattire le palline.

- Scaldare l'olio per friggere in una padella. Aggiungere le polpette e cuocere a fuoco medio fino a doratura. Torna indietro e ripeti.

- Scolare su carta assorbente e servire caldo.

Cotolette di pesce

Per 4 persone

ingredienti

500g/1lb 2oz coda di branzino, senza pelle e sfilettata

500 ml/16 fl oz di acqua

Sale a piacere

1 cucchiaio di olio vegetale raffinato più un po' di più per friggere

1 cucchiaio di pasta di zenzero

1 cucchiaio di pasta all'aglio

1 cipolla grande, finemente grattugiata

4 peperoncini verdi, grattugiati

½ cucchiaino di curcuma

1 cucchiaino di garam masala

1 cucchiaino di cumino macinato

1 cucchiaino di peperoncino in polvere

1 pomodoro, sbollentato e affettato

25 g/foglie piccole di coriandolo, tritate finemente

2 cucchiai di foglie di menta, tritate finemente

400 g di piselli cotti

2 fette di pane ammollate in acqua e scolate

50 gr di pangrattato

Metodo

- Mettere il pesce con l'acqua in una pentola. Salare e cuocere a fuoco medio per 20 minuti. Scolare e mettere da parte.

- Per il ripieno, scaldare 1 cucchiaio di olio in una padella. Aggiungere la pasta di zenzero, la pasta d'aglio e la cipolla. Friggere a fuoco medio per 2-3 minuti.

- Aggiungere i peperoncini verdi, la curcuma, il garam masala, il cumino macinato e il peperoncino in polvere. Friggere per un minuto.

- Aggiungere il pomodoro. Friggere per 3-4 minuti.

- Aggiungere foglie di coriandolo, foglie di menta, piselli e fette di pane. Mescolare bene. Cuocere a fuoco basso per 7-8 minuti, mescolando di tanto in tanto. Spegnete il fuoco e lavorate bene il composto. Dividere in 8 parti uguali e mettere da parte.

- Schiacciare il pesce cotto e dividerlo in 8 porzioni.

- Forma ogni parte del pesce in una tazza e riempila con una parte della miscela di ripieno. Chiudete a tasca, formate una palla e date la forma di una cotoletta. Ripeti per i restanti pezzi di pesce e la miscela di ripieno.

- Scaldare l'olio per friggere in una padella. Arrotolare le cotolette nel pangrattato e friggere a fuoco medio fino a doratura. Servire caldo.

Sookha pesce

(pesce essiccato con spezie)

Per 4 persone

ingredienti

Radice di zenzero da 1 cm

10 spicchi d'aglio

1 cucchiaio di foglie di coriandolo, tritate finemente

3 peperoni verdi

1 cucchiaino di curcuma

3 cucchiaini di peperoncino in polvere

Sale a piacere

1 kg di pesce spada, senza pelle e sfilettato

Cocco essiccato 50g/1¾oz

6-7 cokum*, messo a bagno per 1 ora in 120 ml di acqua

4 cucchiai di olio vegetale raffinato

60 ml di acqua

Metodo

- Mescolare lo zenzero, l'aglio, le foglie di coriandolo, i peperoncini verdi, la curcuma, il peperoncino in polvere e il sale. Macina questa miscela in una pasta liscia.

- Marinare il pesce con la pastella per 1 ora.

- Riscalda una pentola. Aggiungi il cocco. Friggere a fuoco medio per un minuto.

- Scartare le bacche di kokum e aggiungere l'acqua di kokum. Mescolare bene. Togliere dal fuoco e aggiungere questa miscela al pesce marinato.

- Scaldare l'olio in una padella. Aggiungere il composto di pesce e soffriggere a fuoco medio per 4-5 minuti.

- Aggiungere acqua. Mescolare bene. Coprire con un coperchio e cuocere a fuoco lento per 20 minuti, mescolando di tanto in tanto.

- Servire caldo.

Mahya Kalia

(Pesce con cocco, semi di sesamo e arachidi)

Per 4 persone

ingredienti

100 g/3½ oz di cocco fresco, tritato

1 cucchiaino di semi di sesamo

1 cucchiaio di arachidi

1 cucchiaio di pasta di tamarindo

1 cucchiaino di curcuma

1 cucchiaino di coriandolo macinato

Sale a piacere

250 ml/8 fl oz di acqua

Filetti di pesce spada 500g/1lb 2oz

1 cucchiaio di foglie di coriandolo tritate

Metodo

- Friggere a secco cocco, semi di sesamo e arachidi insieme. Mescolare con pasta di tamarindo, curcuma, coriandolo macinato e sale. Macinare con acqua sufficiente per formare una pasta liscia.

- Far bollire questa miscela con l'acqua rimanente in una casseruola a fuoco medio per 10 minuti, mescolando spesso. Aggiungere i filetti di pesce e cuocere a fuoco lento per 10-12 minuti. Guarnire con foglie di coriandolo e servire caldo.

Rosachi al curry di gamberi

(gamberi cotti con cocco)

Per 4 persone

ingredienti

200 g/7 once di cocco fresco, grattugiato

5 peperoni rossi

1½ cucchiaino di semi di coriandolo

1½ cucchiaino di semi di papavero

1 cucchiaino di semi di cumino

½ cucchiaino di curcuma

6 spicchi d'aglio

120 ml di olio vegetale raffinato

2 cipolle grandi, tritate finemente

2 pomodori, tritati finemente

250 g di gamberi, sgusciati e grattugiati

Sale a piacere

Metodo

- Macina il cocco, il peperoncino, il coriandolo, i semi di papavero, il cumino, la curcuma e l'aglio con acqua sufficiente a formare una pasta liscia. Mettere da parte.

- Scaldare l'olio in una padella. Soffriggere la cipolla a fuoco basso fino a doratura.

- Aggiungere la pasta di peperoncino al cocco macinato, i pomodori, i gamberi e il sale. Mescolare bene. Cuocere per 15 minuti, mescolando di tanto in tanto. Servire caldo.

Pesce con datteri e mandorle

Per 4 persone

ingredienti

4 trote, 250g/9oz ciascuna, tagliate verticalmente

½ cucchiaino di peperoncino in polvere

1 cucchiaino di pasta di zenzero

250 g di datteri freschi senza semi, sbollentati e tritati finemente

75 g di mandorle, sbollentate e tritate finemente

2-3 cucchiai di riso al vapore (vediQui)

1 cucchiaino di zucchero

¼ di cucchiaino di cannella in polvere

½ cucchiaino di pepe nero macinato

Sale a piacere

1 cipolla grande, affettata sottilmente

Metodo

- Marinare il pesce con peperoncino in polvere e pasta di zenzero per 1 ora.

- Mescolare insieme datteri, mandorle, riso, zucchero, cannella, pepe e sale. Impastare fino a ottenere un impasto morbido. Mettere da parte.

- Riempi la massa di mandorle e datteri nelle aperture del pesce marinato. Adagiate il pesce ripieno su un foglio di alluminio e cospargete sopra la cipolla.

- Avvolgere il pesce e la cipolla nella pellicola e sigillare bene i bordi.

- Cuocere in forno a 200°C (400°F, gas 6) per 15-20 minuti. Scartare la pellicola e cuocere il pesce per altri 5 minuti. Servire caldo.

Pesce tandoori

Per 4 persone

ingredienti

1 cucchiaino di pasta di zenzero

1 cucchiaino di pasta all'aglio

½ cucchiaino di garam masala

1 cucchiaino di peperoncino in polvere

1 cucchiaio di succo di limone

Sale a piacere

500 g di filetti di coda breiflab

1 cucchiaio di chaat masala*

Metodo

- Mescolare pasta di zenzero, pasta d'aglio, garam masala, peperoncino in polvere, succo di limone e sale.

- Fai dei tagli sul pesce. Marinare con la miscela di aglio e zenzero per 2 ore.

- Grigliare il pesce per 15 minuti. Cospargere con il chaat masala. Servire caldo.

Pesce con verdure

Per 4 persone

ingredienti

750g/1lb 10oz filetti di salmone, senza pelle

½ cucchiaino di curcuma

Sale a piacere

2 cucchiai di olio di senape

cucchiaino di semi di senape

cucchiaino di semi di finocchio

cucchiaino di semi di cipolla

cucchiaino di semi di fieno greco

cucchiaino di semi di cumino

2 foglie di alloro

2 peperoncini rossi secchi, dimezzati

1 cipolla grande, affettata sottilmente

2 peperoncini verdi grandi, tagliati nel senso della lunghezza

½ cucchiaino di zucchero

125 g di piselli in scatola

1 patata grande, tagliata a listarelle

2-3 melanzane piccole, tritate finemente

250 ml/8 fl oz di acqua

Metodo

- Marinare il pesce con curcuma e sale per 30 minuti.

- Scaldare l'olio in una padella. Aggiungere il pesce marinato e friggere a fuoco medio per 4-5 minuti, girando di tanto in tanto. Scolare e mettere da parte.

- Allo stesso olio, aggiungere la senape, il finocchio, la cipolla, il fieno greco e il cumino. Lasciali sputare per 15 secondi.

- Aggiungere la foglia di alloro e il peperoncino. Cuocere per 30 secondi.

- Aggiungere la cipolla e il peperone verde. Friggere a fuoco medio fino a quando la cipolla diventa marrone.

- Aggiungere lo zucchero, i piselli, la patata e le melanzane. Mescolare bene. Friggere la miscela per 7-8 minuti.

- Aggiungere il pesce fritto e l'acqua. Mescolare bene. Coprire con un coperchio e cuocere a fuoco lento per 12-15 minuti, mescolando di tanto in tanto.

- Servire caldo.

Tandoor Gulnar

(Trota cotta in Tandoor)

Per 4 persone

ingredienti

4 trote, 250g/9oz ciascuna

Burro per spennellare

Per la prima marinata:

120 ml di aceto di malto

2 cucchiai di succo di limone

2 cucchiaini di pasta d'aglio

½ cucchiaino di peperoncino in polvere

Sale a piacere

Per la seconda marinata:

Yogurt 400g/14oz

1 uovo

1 cucchiaino di pasta all'aglio

2 cucchiaini di pasta di zenzero

120 ml di panna liquida fresca

Fagiolini da 180 g/6½ oz*

Gamberi con masala verde

Per 4 persone

ingredienti

Radice di zenzero da 1 cm

8 spicchi d'aglio

3 peperoncini verdi, tagliati longitudinalmente

50 g di foglie di coriandolo tritate

1½ cucchiaio di olio vegetale raffinato

2 cipolle grandi, tritate finemente

2 pomodori, tritati finemente

500 g di gamberi grandi, sgusciati e grattugiati

1 cucchiaino di pasta di tamarindo

Sale a piacere

½ cucchiaino di curcuma

Metodo

- Tritare insieme zenzero, aglio, peperoncino e foglie di coriandolo. Mettere da parte.
- Scaldare l'olio in una padella. Soffriggere la cipolla a fuoco basso fino a doratura.
- Aggiungere la pasta di zenzero e aglio e i pomodori. Cuocere per 4-5 minuti.
- Aggiungere i gamberi, la pasta di tamarindo, il sale e la curcuma. Mescolare bene. Cuocere per 15 minuti, mescolando di tanto in tanto. Servire caldo.

Cotoletta di pesce

Per 4 persone

ingredienti

2 uova

1 cucchiaio di farina bianca normale

Sale a piacere

San Pietro da 400g/14oz, senza pelle e sfilettato

500 ml/16 fl oz di acqua

2 patate grandi, bollite e schiacciate

1½ cucchiaino di garam masala

1 cipolla grande, grattugiata

1 cucchiaino di pasta di zenzero

Olio vegetale raffinato per friggere

Pangrattato da 200 g / 7 once

Metodo

- Sbattere le uova con farina e sale. Mettere da parte.
- Cuocere il pesce in acqua salata in una padella a fuoco medio per 15-20 minuti. Scolare e impastare insieme a patate, garam masala, cipolla, pasta di zenzero e sale fino a ottenere un impasto morbido.
- Dividere in 16 porzioni, formare delle palline e appiattirle leggermente in cotolette.
- Scaldare l'olio in una padella. Passate le cotolette nell'uovo sbattuto, passatele nel pangrattato e friggetele a fuoco basso fino a doratura. Servire caldo.

Parsi Pesce Sas

(Pesce cotto in salsa bianca)

Per 4 persone

ingredienti

1 cucchiaio di farina di riso

1 cucchiaio di zucchero

60 ml di aceto di malto

2 cucchiai di olio vegetale raffinato

2 cipolle grandi, affettate sottilmente

½ cucchiaino di pasta di zenzero

½ cucchiaino di pasta all'aglio

1 cucchiaino di cumino macinato

Sale a piacere

250 ml/8 fl oz di acqua

8 filetti di sogliola al limone

2 uova sbattute

Metodo

- Macina la farina di riso con lo zucchero e l'aceto in una pasta. Mettere da parte.
- Scaldare l'olio in una padella. Soffriggere la cipolla a fuoco basso fino a doratura.
- Aggiungere la pasta di zenzero, la pasta d'aglio, il cumino macinato, il sale, l'acqua e il pesce. Cuocere a fuoco basso per 25 minuti, mescolando di tanto in tanto.
- Aggiungere il composto di farina e cuocere per un minuto.
- Aggiungere le uova con cura. Mescolare per un minuto. Guarnire e servire caldo.

Peshawari Machhi

Per 4 persone

ingredienti

3 cucchiai di olio vegetale raffinato

1 kg di salmone, tagliato a tranci

Radice di zenzero da 2,5 cm, grattugiata

8 spicchi d'aglio schiacciati

2 cipolle grandi, tritate

3 pomodori, sbollentati e tritati

1 cucchiaino di garam masala

Yogurt 400g/14oz

cucchiaino: curcuma

1 cucchiaino amchoor*

Sale a piacere

Metodo

- Riscaldare l'olio. Friggere il pesce a fuoco basso fino a doratura. Scolare e mettere da parte.

- Aggiungere lo zenzero, l'aglio e la cipolla allo stesso olio. Cuocere a fuoco basso per 6 minuti. Aggiungere il pesce fritto e tutti gli altri ingredienti. Mescolare bene.
- Cuocere a fuoco lento per 20 minuti e servire caldo.

curry di granchio

Per 4 persone

ingredienti

4 granchi di media grandezza, puliti (v<u>tecniche di cottura</u>)

Sale a piacere

1 cucchiaino di curcuma

½ noce di cocco grattugiata

6 spicchi d'aglio

4-5 peperoni rossi

1 cucchiaio di semi di coriandolo

1 cucchiaio di semi di cumino

1 cucchiaino di pasta di tamarindo

3-4 peperoncini verdi, tagliati nel senso della lunghezza

1 cucchiaio di olio vegetale raffinato

1 cipolla grande, tritata finemente

Metodo

- Marinare i granchi con sale e curcuma per 30 minuti.
- Macina tutti gli ingredienti rimanenti, tranne l'olio e la cipolla, con acqua sufficiente per formare una pasta liscia.
- Scaldare l'olio in una padella. Soffriggere la pasta macinata e la cipolla a fuoco basso finché la cipolla non sarà dorata. Aggiungere un po' d'acqua. Cuocere a fuoco lento per 7-8 minuti, mescolando di tanto in tanto. Aggiungere i granchi marinati. Mescolare bene e cuocere a fuoco lento per 5 minuti. Servire caldo.

pesce senape

Per 4 persone

ingredienti

8 cucchiai di olio di senape

4 trote, 250g/9oz ciascuna

2 cucchiaini di cumino macinato

2 cucchiaini di senape macinata

1 cucchiaino di coriandolo macinato

½ cucchiaino di curcuma

120 ml di acqua

Sale a piacere

Metodo

- Scaldare l'olio in una padella. Aggiungere il pesce e soffriggere a fuoco medio per 1-2 minuti. Capovolgi il pesce e ripeti. Scolare e mettere da parte.
- Allo stesso olio, aggiungi cumino macinato, senape e coriandolo. Lasciali sputare per 15 secondi.
- Aggiungere la curcuma, l'acqua, il sale e il pesce fritto. Mescolare bene e cuocere a fuoco lento per 10-12 minuti. Servire caldo.

Meen Vattichathu

(Scorfano cotto con spezie)

Per 4 persone

ingredienti

600 g 5 once di pesce spada, senza pelle e sfilettato

½ cucchiaino di curcuma

Sale a piacere

3 cucchiai di olio vegetale raffinato

½ cucchiaino di semi di senape

½ cucchiaino di semi di fieno greco

8 foglie di curry

2 cipolle grandi, affettate sottilmente

8 spicchi d'aglio, tritati finemente

Zenzero da 2 pollici/5 cm, affettato sottilmente

6 kokum*

Metodo

- Marinare il pesce con curcuma e sale per 2 ore.
- Scaldare l'olio in una padella. Aggiungere la senape e i semi di fieno greco. Lasciali sputare per 15 secondi. Aggiungere tutti gli altri ingredienti e il pesce marinato. Cuocere a fuoco basso per 15 minuti. Servire caldo.

DoiMaach

(Pesce cotto nello yogurt)

Per 4 persone

ingredienti

4 trote, sbucciate e sfilettate

2 cucchiai di olio vegetale raffinato

2 foglie di alloro

1 cipolla grande, tritata finemente

2 cucchiaini di zucchero

Sale a piacere

Yogurt 200g/7oz

Per il sottaceto:

3 chiodi di garofano

pezzo di cannella da 5 cm / 2 pollici

3 baccelli di cardamomo verde

Radice di zenzero da 5 cm/2 pollici

1 cipolla grande, affettata sottilmente

1 cucchiaino di curcuma

Sale a piacere

Metodo

- Macina insieme tutti gli ingredienti per la marinata. Marinare il pesce con questa miscela per 30 minuti.
- Scaldare l'olio in una padella. Aggiungere la foglia di alloro e la cipolla. Friggere a fuoco basso per 3 minuti. Aggiungere lo zucchero, il sale e il pesce marinato. Mescolare bene.
- Rosolare per 10 minuti. Aggiungere lo yogurt e cuocere per 8 minuti. Servire caldo.

Pesce fritto

Per 4 persone

ingredienti

6 cucchiai di fagioli*

2 cucchiaini di garam masala

1 cucchiaino amchoor*

1 cucchiaino di semi di ajwain

1 cucchiaino di pasta di zenzero

1 cucchiaino di pasta all'aglio

Sale a piacere

Coda di branzino da 675g/1½lb, senza pelle e sfilettata

Olio vegetale raffinato per friggere

Metodo

- Mescolare tutti gli ingredienti, tranne il pesce e l'olio, con acqua sufficiente a formare una pasta densa. Marinare il pesce con questa pasta per 4 ore.
- Scaldare l'olio in una padella. Aggiungere il pesce e soffriggere a fuoco medio per 4-5 minuti. Girare e cuocere ancora per 2-3 minuti. Servire caldo.

Cotoletta Macher

Per 4 persone

ingredienti

500g/1lb 2oz di salmone, senza pelle e sfilettato

Sale a piacere

500 ml/16 fl oz di acqua

250 g di patate, bollite e schiacciate

200 ml di olio di senape

2 cipolle grandi, tritate finemente

½ cucchiaino di pasta di zenzero

½ cucchiaino di pasta all'aglio

1½ cucchiaino di garam masala

1 uovo sbattuto

Pangrattato da 200 g / 7 once

Olio vegetale raffinato per friggere

Metodo

- Mettere il pesce con sale e acqua in una pentola. Cuocere a fuoco medio per 15 minuti. Scolare e schiacciare con le patate. Mettere da parte.
- Scaldare l'olio in una padella. Aggiungere la cipolla e soffriggere a fuoco medio fino a doratura. Aggiungere il

composto di pesce e tutti gli altri ingredienti tranne le uova e il pangrattato. Mescolare bene e cuocere a fuoco basso per 10 minuti.

- Lasciar raffreddare e dividere in palline della grandezza di un limone. Appiattire e formare delle cotolette.
- Scaldare l'olio per friggere in una padella. Passate le cotolette nell'uovo, passatele nel pangrattato e friggetele a fuoco medio fino a doratura. Servire caldo.

Pesce spada di Goa

(pesce spada cucinato alla goana)

Per 4 persone

ingredienti

50 g di cocco fresco, grattugiato

1 cucchiaino di semi di coriandolo

1 cucchiaino di semi di cumino

1 cucchiaino di semi di papavero

4 spicchi d'aglio

1 cucchiaio di pasta di tamarindo

250 ml/8 fl oz di acqua

Olio vegetale raffinato per friggere

1 cipolla grande, tritata finemente

1 cucchiaio di kokum*

Sale a piacere

½ cucchiaino di curcuma

4 bistecche di pesce spada

Metodo

- Macina cocco, semi di coriandolo, cumino, semi di papavero, aglio e pasta di tamarindo insieme a una quantità d'acqua sufficiente a formare una pasta liscia. Mettere da parte.
- Scaldare l'olio in una padella. Aggiungere la cipolla e soffriggere a fuoco medio fino a doratura.
- Aggiungere la pasta macinata e friggere per 2 minuti. Aggiungi gli altri ingredienti. Mescolare bene e cuocere a fuoco lento per 15 minuti. Servire caldo.

Masala di pesce essiccato

Per 4 persone

ingredienti

6 filetti di salmone

¼ di cocco fresco, grattugiato

7 peperoni rossi

1 cucchiaio di curcuma

Sale a piacere

Metodo

- Grigliare i filetti di pesce per 20 minuti. Mettere da parte.
- Macina gli ingredienti rimanenti fino a ottenere una pasta liscia.
- Mescolare con il pesce. Cuocere il composto in una casseruola a fuoco basso per 15 minuti. Servire caldo.

Curry di gamberi di Madras

Per 4 persone

ingredienti

3 cucchiai di olio vegetale raffinato

3 cipolle grandi, tritate finemente

12 spicchi d'aglio, tritati finemente

3 pomodori, sbollentati e tritati

½ cucchiaino di curcuma

Sale a piacere

1 cucchiaino di peperoncino in polvere

2 cucchiai di pasta di tamarindo

750 g di gamberi medi, sgusciati e grattugiati

4 cucchiai di latte di cocco

Metodo

- Scaldare l'olio in una padella. Aggiungere la cipolla e l'aglio e soffriggere a fuoco medio per un minuto. Aggiungere i pomodori, la curcuma, il sale, il peperoncino in polvere, la pasta di tamarindo e i gamberi. Mescolare bene e cuocere per 7-8 minuti.
- Aggiungere il latte di cocco. Cuocere a fuoco lento per 10 minuti e servire caldo.

Pesce con fieno greco

Per 4 persone

ingredienti

8 cucchiai di olio vegetale raffinato

500g/1lb 2oz di salmone, sfilettato

1 cucchiaio di pasta all'aglio

75 g di foglie di fieno greco fresco, tritate finemente

4 pomodori, tritati finemente

2 cucchiaini di coriandolo macinato

1 cucchiaino di cumino macinato

1 cucchiaino di succo di limone

Sale a piacere

1 cucchiaino di curcuma

75 g/2½ once di acqua calda

Metodo

- Scaldare 4 cucchiai di olio in una padella. Aggiungere il pesce e friggere a fuoco medio fino a doratura su entrambi i lati. Scolare e mettere da parte.
- Scaldare 4 cucchiai di olio in una padella. Aggiungere la pasta all'aglio. Friggere a fuoco basso per un minuto. Aggiungere il resto degli ingredienti, tranne l'acqua. Cuocere per 4-5 minuti.
- Aggiungere l'acqua e il pesce fritto. Mescolare bene. Coprire con un coperchio e cuocere a fuoco lento per 10-15 minuti, mescolando di tanto in tanto. Servire caldo.

Karimeen Porichathu

(Filetto di pesce al Masala)

Per 4 persone

ingredienti

1 cucchiaino di peperoncino in polvere

1 cucchiaio di coriandolo macinato

1 cucchiaino di curcuma

1 cucchiaino di pasta di zenzero

2 peperoncini verdi, tritati finemente

Succo di 1 limone

8 foglie di curry

Sale a piacere

8 filetti di salmone

Olio vegetale raffinato per friggere

Metodo

- Mescolare tutti gli ingredienti tranne il pesce e l'olio.
- Marinare il pesce con questa miscela e metterlo in frigo per 2 ore.
- Scaldare l'olio in una padella. Aggiungere i pezzi di pesce e friggere a fuoco medio fino a doratura.
- Servire caldo.

Aquile giganti

Per 4 persone

ingredienti

500 g di gamberi grandi, sgusciati e grattugiati

1 cucchiaino di curcuma

½ cucchiaino di peperoncino in polvere

Sale a piacere

3 cucchiai di olio vegetale raffinato

1 cipolla grande, tritata finemente

Radice di zenzero da ½ pollice/1 cm, tritata finemente

10 spicchi d'aglio, tritati finemente

2-3 peperoncini verdi, tagliati nel senso della lunghezza

½ cucchiaino di zucchero

250 ml/8 fl oz di latte di cocco

1 cucchiaio di foglie di coriandolo, tritate finemente

Metodo

- Marinare i gamberi con curcuma, peperoncino in polvere e sale per 1 ora.
- Scaldare l'olio in una padella. Aggiungere la cipolla, lo zenzero, l'aglio e il peperoncino verde e soffriggere a fuoco medio per 2-3 minuti.
- Aggiungere lo zucchero, il sale e i gamberi marinati. Mescolare bene e cuocere a fuoco lento per 10 minuti. Aggiungere il latte di cocco. Cuocere a fuoco lento per 15 minuti.
- Guarnire con foglie di coriandolo e servire caldo.

Pesce marinato

Per 4 persone

ingredienti

Olio vegetale raffinato per friggere

1 kg di pesce spada, senza pelle e sfilettato

1 cucchiaino di curcuma

12 peperoni rossi secchi

1 cucchiaio di semi di cumino

Radice di zenzero da 5 cm/2 pollici

15 spicchi d'aglio

250 ml/8 fl oz di aceto di malto

Sale a piacere

Metodo

- Scaldare l'olio in una padella. Aggiungere il pesce e soffriggere a fuoco medio per 2-3 minuti. Girare e cuocere per 1-2 minuti. Mettere da parte.
- Macina gli ingredienti rimanenti fino a ottenere una pasta liscia.
- Cuocere l'impasto in una casseruola a fuoco basso per 10 minuti. Aggiungere il pesce, cuocere per 3-4 minuti,

raffreddare e conservare in un barattolo in frigorifero per un massimo di 1 settimana.

Ciotola di pesce al curry

Per 4 persone

ingredienti

500g/1lb 2oz di salmone, senza pelle e sfilettato

Sale a piacere

750 ml/1¼ di pinta d'acqua

1 cipolla grande

3 cucchiaini di garam masala

½ cucchiaino di curcuma

3 cucchiai di olio vegetale raffinato più un po' per friggere

Radice di zenzero da 2 pollici/5 cm, grattugiata

5 spicchi d'aglio, schiacciati

250 g di pomodori, sbollentati e tagliati a cubetti

2 cucchiai di yogurt, montato

Metodo

- Lessare il pesce con un po' di sale e 500 ml di acqua a fuoco medio per 20 minuti. Scolare e macinare insieme a cipolla, sale, 1 cucchiaino di garam masala e curcuma fino a ottenere un composto liscio. Dividi in 12 palline.
- Scaldare l'olio per friggere. Aggiungere le palline e friggere a fuoco medio fino a doratura. Scolare e mettere da parte.
- Scaldare 3 cucchiai di olio in una padella. Aggiungere tutti gli altri ingredienti, l'acqua rimanente e le polpette di pesce. Cuocere a fuoco lento per 10 minuti e servire caldo.

Pesce Amritsari

(Pesce piccante piccante)

Per 4 persone

ingredienti

Yogurt 200g/7oz

½ cucchiaino di pasta di zenzero

½ cucchiaino di pasta all'aglio

Succo di 1 limone

½ cucchiaino di garam masala

Sale a piacere

Coda di branzino da 675g/1½lb, senza pelle e sfilettata

Metodo

- Mescolare tutti gli ingredienti tranne il pesce. Marinare il pesce con questa miscela per 1 ora.
- Grigliare il pesce marinato per 7-8 minuti. Servire caldo.

gamberi fritti al masala

Per 4 persone

ingredienti

4 spicchi d'aglio

5 cm/2 pollici di zenzero

2 cucchiai di cocco fresco, grattugiato

2 peperoni rossi secchi

1 cucchiaio di semi di coriandolo

1 cucchiaino di curcuma

Sale a piacere

120 ml di acqua

750 g di gamberi da 10 once, sgusciati e grattugiati

3 cucchiai di olio vegetale raffinato

3 cipolle grandi, tritate finemente

2 pomodori, tritati finemente

2 cucchiai di foglie di coriandolo tritate

1 cucchiaino di garam masala

Metodo

- Tritare l'aglio, lo zenzero, il cocco, il peperoncino, i semi di coriandolo, la curcuma e il sale con acqua sufficiente a formare una pasta liscia.
- Marinare i gamberi con questa pasta per un'ora.
- Scaldare l'olio in una padella. Aggiungere la cipolla e soffriggere a fuoco medio fino a quando diventa traslucida.
- Aggiungere i pomodori e i gamberi marinati. Mescolare bene. Aggiungere l'acqua, coprire con un coperchio e cuocere a fuoco lento per 20 minuti.
- Guarnire con foglie di coriandolo e garam masala. Servire caldo.

Pesce guarnito con gustosi

Per 4 persone

ingredienti

2 cucchiai di succo di limone

Sale a piacere

Pepe nero macinato a piacere

4 bistecche di pesce spada

2 cucchiai di burro

1 cipolla grande, tritata finemente

1 peperone verde, privato dei semi e tritato

3 pomodori pelati e tagliati a pezzetti

50 gr di pangrattato

85 g di formaggio cheddar, grattugiato

Metodo

- Cospargere il pesce con succo di limone, sale e pepe. Mettere da parte.
- Scaldare il burro in una padella. Aggiungere la cipolla e il peperone verde. Friggere a fuoco medio per 2-3 minuti. Aggiungere i pomodori, il pangrattato e il formaggio. Cuocere per 4-5 minuti.
- Distribuire uniformemente questa miscela sul pesce. Avvolgere in carta stagnola e cuocere a 200°C (400°F, gas mark 6) per 30 minuti. Servire caldo.

Gamberi Pasanda

(Gamberi preparati con yogurt e aceto)

Per 4 persone

ingredienti

250 g di gamberi, sgusciati e grattugiati

Sale a piacere

1 cucchiaino di pepe nero macinato

2 cucchiaini di aceto di malto

2 cucchiaini di olio vegetale raffinato

1 cucchiaio di pasta all'aglio

2 cipolle grandi, tritate finemente

2 pomodori, tritati finemente

2 cipollotti, tritati finemente

1 cucchiaino di garam masala

250 ml/8 fl oz di acqua

4 cucchiai di yogurt greco

Metodo

- Marinare i gamberi con sale, pepe e aceto per 30 minuti.
- Grigliare i gamberi per 5 minuti. Mettere da parte.
- Scaldare l'olio in una padella. Aggiungere la pasta d'aglio e la cipolla. Friggere a fuoco medio per un minuto. Aggiungere i pomodori, i cipollotti e il garam masala. Rosolare per 4 minuti. Aggiungere i gamberi grigliati e l'acqua. Cuocere a fuoco basso per 15 minuti. Aggiungere lo yogurt. Mescolare per 5 minuti. Servire caldo.

Rechaido di pesce spada

(Pesce spada cotto in salsa Goan)

Per 4 persone

ingredienti

4 peperoni rossi

6 spicchi d'aglio

Radice di zenzero da 2,5 cm/1 pollice

½ cucchiaino di curcuma

1 cipolla grande

1 cucchiaino di pasta di tamarindo

1 cucchiaino di semi di cumino

1 cucchiaio di zucchero

Sale a piacere

120 ml di aceto di malto

1 kg di pesce spada, pulito

Olio vegetale raffinato per friggere

Metodo

- Macina tutti gli ingredienti insieme, tranne il pesce e l'olio.
- Fare delle incisioni nel pesce spada e marinare con il composto macinato, riempiendo grandi quantità di composto nelle aperture. Mettere da parte 1 ora.
- Scaldare l'olio in una padella. Aggiungere il pesce marinato e soffriggere a fuoco basso per 2-3 minuti. Torna indietro e ripeti. Servire caldo.

Teekha Jinga

(Gamberi piccanti)

Per 4 persone

ingredienti

4 cucchiai di olio vegetale raffinato

1 cucchiaino di semi di finocchio

2 cipolle grandi, tritate finemente

2 cucchiaini di pasta di zenzero

2 cucchiaini di pasta d'aglio

Sale a piacere

½ cucchiaino di curcuma

3 cucchiai di garam masala

Cocco essiccato 25g/1oz

60 ml di acqua

1 cucchiaio di succo di limone

500 g di gamberi, sgusciati e grattugiati

Metodo

- Scaldare l'olio in una padella. Aggiungere i semi di finocchio. Lasciali sputare per 15 secondi. Aggiungere la cipolla, la pasta di zenzero e la pasta d'aglio. Friggere a fuoco medio per un minuto.
- Aggiungere il resto degli ingredienti, tranne i gamberi. Rosolare per 7 minuti.
- Aggiungere i gamberi e cuocere per 15 minuti, mescolando spesso. Servire caldo.

Balchow di gamberetti

(gamberi bolliti Goan Way)

Per 4 persone

ingredienti

750 g di gamberi da 10 once, sgusciati e grattugiati

250 ml/8 fl oz di aceto di malto

8 spicchi d'aglio

2 cipolle grandi, tritate finemente

1 cucchiaio di cumino macinato

cucchiaino: curcuma

Sale a piacere

120 ml di olio vegetale raffinato

50 g di foglie di coriandolo tritate

Metodo

- Marinare i gamberi con 4 cucchiai di aceto per 2 ore.
- Macina l'aceto rimanente con l'aglio, la cipolla, il cumino macinato, la curcuma e il sale per formare una pasta liscia. Mettere da parte.
- Scaldare l'olio in una padella. Rosolare i gamberi a fuoco basso per 12 minuti.
- Aggiungere la pasta. Mescolare bene e cuocere a fuoco basso per 15 minuti.
- Guarnire con foglie di coriandolo. Servire caldo.

Bhujna gamberi

(gamberi secchi con cocco e cipolla)

Per 4 persone

ingredienti

50 g di cocco fresco, grattugiato

2 cipolle grandi

6 peperoni rossi

Radice di zenzero da 2 pollici/5 cm, grattugiata

1 cucchiaino di pasta all'aglio

4 cucchiai di olio vegetale raffinato

5 kokum secco*

cucchiaino: curcuma

750 g di gamberi da 10 once, sgusciati e grattugiati

250 ml/8 fl oz di acqua

Sale a piacere

Metodo

- Macina insieme cocco, cipolla, peperoncino, zenzero e pasta d'aglio.
- Scaldare l'olio in una padella. Aggiungere la pasta con kokum e curcuma. Cuocere a fuoco basso per 5 minuti.
- Aggiungere i gamberi, l'acqua e il sale. Cuocere a fuoco lento per 20 minuti, mescolando spesso. Servire caldo.

Chingdi Macher Malai

(Gambero al Cocco)

Per 4 persone

ingredienti

2 cipolle grandi, grattugiate

2 cucchiai di pasta di zenzero

100 g/3½ oz di cocco fresco, tritato

4 cucchiai di olio vegetale raffinato

500 g di gamberi, sgusciati e grattugiati

1 cucchiaino di curcuma

1 cucchiaino di cumino macinato

4 pomodori, tritati finemente

1 cucchiaino di zucchero

1 cucchiaino di burro chiarificato

2 chiodi di garofano

1 pollice/2,5 cm di cannella

2 baccelli di cardamomo verde

3 foglie di alloro

Sale a piacere

4 patate grandi tagliate a dadini e fritte

250 ml/8 fl oz di acqua

Metodo

- Macina cipolla, pasta di zenzero e cocco in una pasta liscia. Mettere da parte.
- Scaldare l'olio in una padella. Unite i gamberi e fateli rosolare a fuoco medio per 5 minuti. Scolare e mettere da parte.
- Allo stesso olio unire la pasta macinata e tutti gli altri ingredienti, tranne l'acqua. Cuocere per 6-7 minuti. Aggiungere i gamberi fritti e l'acqua. Mescolare bene e cuocere a fuoco lento per 10 minuti. Servire caldo.

Sorseggia il pesce Bata

(Pesce in pasta di senape)

Per 4 persone

ingredienti

4 cucchiai di semi di senape

7 peperoni verdi

2 cucchiai di acqua

½ cucchiaino di curcuma

5 cucchiai di olio di senape

Sale a piacere

1 kg di lingua di limone, sbucciata e sfilettata

Metodo

- Macina insieme tutti gli ingredienti, tranne il pesce, con acqua sufficiente per formare una pasta liscia. Marinare il pesce con questa miscela per 1 ora.
- Vapore per 25 minuti. Servire caldo.

Stufato di pesce

Per 4 persone

ingredienti

1 cucchiaio di olio vegetale raffinato

2 chiodi di garofano

1 pollice/2,5 cm di cannella

3 foglie di alloro

5 grani di pepe nero

1 cucchiaino di pasta all'aglio

1 cucchiaino di pasta di zenzero

2 cipolle grandi, tritate finemente

400 g/14 once di verdure miste surgelate

Sale a piacere

250 ml/8 fl oz di acqua tiepida

500 g di filetti di sogliola

1 cucchiaio di farina bianca, sciolta in 60 ml di latte

Metodo

- Scaldare l'olio in una padella. Aggiungere i chiodi di garofano, la cannella, le foglie di alloro e i grani di pepe. Lasciali sputare per 15 secondi. Aggiungere la pasta d'aglio, la pasta di zenzero e la cipolla. Friggere a fuoco medio per 2-3 minuti.
- Aggiungere le verdure, il sale e l'acqua. Mescolare bene e cuocere a fuoco lento per 10 minuti.
- Aggiungere con cura il composto di pesce e farina. Mescolare bene. Cuocere a fuoco medio per 10 minuti. Servire caldo.

Jinga Nissa

(gamberetti allo yogurt)

Per 4 persone

ingredienti

1 cucchiaio di succo di limone

1 cucchiaino di pasta di zenzero

1 cucchiaino di pasta all'aglio

1 cucchiaino di semi di sesamo

Yogurt 200g/7oz

2 peperoncini verdi, tritati finemente

½ cucchiaino di foglie di fieno greco essiccate

½ cucchiaino di chiodi di garofano macinati

½ cucchiaino di cannella in polvere

½ cucchiaino di pepe nero macinato

Sale a piacere

12 gamberi grandi, sgusciati e sgusciati

Metodo

- Unire tutti gli ingredienti tranne i gamberi. Marinare i gamberi con questo composto per un'ora.
- Mettere i gamberi marinati su spiedini e grigliare per 15 minuti. Servire caldo.

Calamaro Vindaloo

(Polpo cotto in salsa Goan piccante)

Per 4 persone

ingredienti

8 cucchiai di aceto di malto

8 peperoni rossi

3,5 cm/1½ nella radice di zenzero

20 spicchi d'aglio

1 cucchiaino di semi di senape

1 cucchiaino di semi di cumino

1 cucchiaino di curcuma

Sale a piacere

6 cucchiai di olio vegetale raffinato

3 cipolle grandi, tritate finemente

500 g di calamari 2 once, a fette

Metodo

- Macina metà dell'aceto con peperoncino rosso, zenzero, aglio, semi di senape, cumino, curcuma e sale fino a ottenere una pasta liscia. Mettere da parte.
- Scaldare l'olio in una padella. Soffriggere la cipolla a fuoco basso fino a doratura.
- Aggiungere la pasta macinata. Mescolare bene e cuocere a fuoco lento per 5-6 minuti.
- Aggiungere i calamari e il resto dell'aceto. Cuocere a fuoco basso per 15-20 minuti, mescolando di tanto in tanto. Servire caldo.

Balchow di aragosta

(aragosta piccante cotta nel curry di Goa)

Per 4 persone

ingredienti

400 g/14 once di polpa di aragosta, tritata

Sale a piacere

½ cucchiaino di curcuma

60 ml di aceto di malto

1 cucchiaino di zucchero

120 ml di olio vegetale raffinato

2 cipolle grandi, tritate finemente

12 spicchi d'aglio, tritati finemente

1 cucchiaino di garam masala

1 cucchiaio di foglie di coriandolo tritate

Metodo

- Marinare l'aragosta con sale, curcuma, aceto e zucchero per 1 ora.
- Scaldare l'olio in una padella. Aggiungi cipolla e aglio. Friggere a fuoco basso per 2-3 minuti. Aggiungere l'aragosta marinata e il garam masala. Cuocere a fuoco basso per 15 minuti, mescolando di tanto in tanto.
- Guarnire con foglie di coriandolo. Servire caldo.

gamberi di melanzane

Per 4 persone

ingredienti

- 4 cucchiai di olio vegetale raffinato
- 6 grani di pepe nero
- 3 peperoni verdi
- 4 chiodi di garofano
- 6 spicchi d'aglio

- Radice di zenzero da 1 cm
- 2 cucchiai di foglie di coriandolo tritate
- 1½ cucchiaio di cocco essiccato
- 2 cipolle grandi, tritate finemente
- 500 g di melanzane, tritate
- 250 g di gamberi, sgusciati e grattugiati
- ½ cucchiaino di curcuma
- 1 cucchiaino di pasta di tamarindo
- Sale a piacere
- 10 anacardi
- 120 ml di acqua

Metodo

- Scaldare 1 cucchiaio di olio in una padella. Aggiungere i grani di pepe, i peperoncini verdi, i chiodi di garofano, l'aglio, lo zenzero, le foglie di coriandolo e il cocco a fuoco medio per 2-3 minuti. Macinare il composto in una pasta liscia. Mettere da parte.
- Scaldare l'olio rimanente in una padella. Aggiungere la cipolla e soffriggere a fuoco medio per un minuto. Aggiungere melanzane, gamberi e curcuma. Cuocere per 5 minuti.
- Aggiungere la pasta macinata e tutti gli altri ingredienti. Mescolate bene e lasciate cuocere a fuoco lento per 10-15 minuti. Servire caldo.

Gamberi verdi

Per 4 persone

ingredienti

Succo di 1 limone

50 g di foglie di menta

50 g di foglie di coriandolo

4 peperoni verdi

Radice di zenzero da 2,5 cm/1 pollice

8 spicchi d'aglio

Un pizzico di garam masala

Sale a piacere

20 gamberi medi, sgusciati e sgusciati

Metodo

- Macina tutti gli ingredienti insieme, tranne i gamberi, fino a ottenere una pasta liscia. Marinare i gamberi con questo composto per 1 ora.
- Tre gamberetti. Grigliare per 10 minuti, girando di tanto in tanto. Servire caldo.

Pesce al coriandolo

Per 4 persone

ingredienti

3 cucchiai di olio vegetale raffinato

1 cipolla grande, tritata finemente

4 peperoncini verdi, tritati finemente

1 cucchiaio di pasta di zenzero

1 cucchiaio di pasta all'aglio

1 cucchiaino di curcuma

Sale a piacere

100 g di foglie di coriandolo, tritate

1 kg di salmone, senza pelle e sfilettato

250 ml/8 fl oz di acqua

Metodo

- Scaldare l'olio in una padella. Soffriggere la cipolla a fuoco basso fino a doratura.
- Aggiungere tutti gli altri ingredienti tranne il pesce e l'acqua. Friggere per 3-4 minuti. Aggiungere il pesce e friggere per 3-4 minuti.
- Aggiungere acqua. Mescolare bene e cuocere a fuoco lento per 10-12 minuti. Servire caldo.

Pesce malese

(Pesce cotto in salsa cremosa)

Per 4 persone

ingredienti

8 fl oz/250 ml di olio vegetale raffinato

Filetti di branzino 1 kg/2¼lb

1 cucchiaio di farina bianca normale

1 cipolla grande, grattugiata

½ cucchiaino di curcuma

250 ml/8 fl oz di latte di cocco

Sale a piacere

Per il mix di spezie:

1 cucchiaino di semi di coriandolo

1 cucchiaino di semi di cumino

4 peperoni verdi

6 spicchi d'aglio

6 cucchiai d'acqua

Metodo

- Macina insieme gli ingredienti per il mix di spezie. Spremere il composto per estrarre il succo in una piccola ciotola. Metti da parte il succo. Scartare il baccello.
- Scaldare l'olio in una padella. Coprire il pesce nella farina e friggere a fuoco medio fino a doratura. Scolare e mettere da parte.
- Aggiungere la cipolla allo stesso olio e soffriggere a fuoco medio fino a doratura.
- Aggiungere il succo del mix di spezie e tutti gli altri ingredienti. Mescolare bene.
- Cuocere a fuoco lento per 10 minuti. Aggiungere il pesce e cuocere per 5 minuti. Servire caldo.

Curry di pesce Konkani

Per 4 persone

ingredienti

1 kg di salmone, senza pelle e sfilettato

Sale a piacere

1 cucchiaino di curcuma

1 cucchiaino di peperoncino in polvere

2 cucchiai di olio vegetale raffinato

1 cipolla grande, tritata finemente

½ cucchiaino di pasta di zenzero

750ml/1¼ pinta di latte di cocco

3 peperoncini verdi, tagliati longitudinalmente

Metodo

- Marinare il pesce con sale, curcuma e peperoncino in polvere per 30 minuti.
- Scaldare l'olio in una padella. Aggiungere la pasta di cipolla e zenzero. Friggere a fuoco medio fino a quando la cipolla diventa trasparente.
- Aggiungere il latte di cocco, i peperoncini verdi e il pesce marinato. Mescolare bene. Cuocere a fuoco lento per 15 minuti. Servire caldo.

Gamberoni piccanti all'aglio

Per 4 persone

ingredienti

4 cucchiai di olio vegetale raffinato

2 cipolle grandi, tritate finemente

1 cucchiaio di pasta all'aglio

12 spicchi d'aglio, tritati finemente

1 cucchiaino di peperoncino in polvere

1 cucchiaino di coriandolo macinato

½ cucchiaino di cumino macinato

2 pomodori, tritati finemente

Sale a piacere

1 cucchiaino di curcuma

750 g di gamberi da 10 once, sgusciati e grattugiati

250 ml/8 fl oz di acqua

Metodo

- Scaldare l'olio in una padella. Aggiungere la cipolla, la pasta d'aglio e l'aglio tritato finemente. Friggere a fuoco medio fino a quando la cipolla diventa trasparente.
- Aggiungere il resto degli ingredienti, tranne i gamberi e l'acqua. Friggere per 3-4 minuti. Aggiungere i gamberi e friggere per 3-4 minuti.
- Aggiungere acqua. Mescolare bene e cuocere a fuoco lento per 12-15 minuti. Servire caldo.

semplice curry di pesce

Per 4 persone

ingredienti

2 cipolle grandi, tagliate in quarti

3 chiodi di garofano

1 pollice/2,5 cm di cannella

4 grani di pepe nero

2 cucchiaini di semi di coriandolo

1 cucchiaino di semi di cumino

1 pomodoro, in quarti

Sale a piacere

2 cucchiai di olio vegetale raffinato

750g/1lb 10oz di salmone, senza pelle e sfilettato

250 ml/8 fl oz di acqua

Metodo

- Macina tutti gli ingredienti insieme tranne olio, pesce e acqua. Scaldare l'olio in una padella. Unite la pasta e fatela rosolare a fuoco basso per 7 minuti.
- Aggiungere il pesce e l'acqua. Cuocere per 25 minuti, mescolando spesso. Servire caldo.

Curry di pesce di Goa

Per 4 persone

ingredienti

100 g/3½ oz di cocco fresco, tritato

4 peperoni rossi secchi

1 cucchiaino di semi di cumino

1 cucchiaino di semi di coriandolo

360 ml/12 fl oz di acqua

3 cucchiai di olio vegetale raffinato

1 cipolla grande, grattugiata

1 cucchiaino di curcuma

8 foglie di curry

2 pomodori, sbollentati e tritati

2 peperoncini verdi, tagliati nel senso della lunghezza

1 cucchiaio di pasta di tamarindo

Sale a piacere

1 kg di salmone a fette

Metodo

- Macina i semi di cocco, peperoncino, cumino e coriandolo con 4 cucchiai d'acqua fino a ottenere una pasta densa. Mettere da parte.
- Scaldare l'olio in una padella. Soffriggere la cipolla a fuoco basso fino a renderla trasparente.
- Aggiungere la pasta di cocco. Friggere per 3-4 minuti.
- Aggiungere tutti gli altri ingredienti tranne il pesce e il resto dell'acqua. Rosolare per 6-7 minuti. Aggiungere il pesce e l'acqua. Mescolare bene e cuocere a fuoco lento per 20 minuti, mescolando di tanto in tanto. Servire caldo.

Vindaloo di gamberetti

(Gamberi cotti al curry piccante di Goa)

Per 4 persone

ingredienti

3 cucchiai di olio vegetale raffinato

1 cipolla grande, grattugiata

4 pomodori, tritati finemente

1½ cucchiaino di peperoncino in polvere

½ cucchiaino di curcuma

2 cucchiaini di cumino macinato

750 g di gamberi da 10 once, sgusciati e grattugiati

3 cucchiai di aceto bianco

1 cucchiaino di zucchero

Sale a piacere

Metodo

- Scaldare l'olio in una padella. Aggiungere la cipolla e soffriggere a fuoco medio per 1-2 minuti. Aggiungere i pomodori, il peperoncino in polvere, la curcuma e il cumino. Mescolare bene e cuocere per 6-7 minuti, mescolando di tanto in tanto.
- Aggiungere i gamberi e mescolare bene. Cuocere a fuoco basso per 10 minuti.
- Aggiungere l'aceto, lo zucchero e il sale. Cuocere a fuoco lento per 5-7 minuti. Servire caldo.

Pesce in masala verde

Per 4 persone

ingredienti

750 g di pesce spada 10 grammi, senza pelle e sfilettati

Sale a piacere

1 cucchiaino di curcuma

50 g di foglie di menta

100 g di foglie di coriandolo

12 spicchi d'aglio

Radice di zenzero da 5 cm/2 pollici

2 cipolle grandi, affettate

5 cm/2 pollici di cannella

1 cucchiaio di semi di papavero

3 chiodi di garofano

500 ml/16 fl oz di acqua

3 cucchiai di olio vegetale raffinato

Metodo

- Marinare il pesce con sale e curcuma per 30 minuti.
- Macina gli ingredienti rimanenti, tranne l'olio, con acqua sufficiente per formare una pasta densa.
- Scaldare l'olio in una padella. Aggiungere la pastella e cuocere a fuoco medio per 4-5 minuti. Aggiungere il pesce marinato e il resto dell'acqua. Mescolare bene e cuocere a fuoco lento per 20 minuti, mescolando di tanto in tanto. Servire caldo.

Cozze Masala

Per 4 persone

ingredienti

500g/1lb 2oz vongole, pulite (vedi tecniche di cottura)

Sale a piacere

cucchiaino: curcuma

1 cucchiaio di semi di coriandolo

3 chiodi di garofano

1 pollice/2,5 cm di cannella

4 grani di pepe nero

Radice di zenzero da 2,5 cm/1 pollice

8 spicchi d'aglio

60 g/2 once di cocco fresco, grattugiato

2 cucchiai di olio vegetale raffinato

1 cipolla grande, tritata finemente

500 ml/16 fl oz di acqua

Metodo

- Vapore (vedi<u>tecniche di cottura</u>) le vongole in una vaporiera per 20 minuti. Cospargere di sale e curcuma. Mettere da parte.
- Tritare insieme il resto degli ingredienti, tranne olio, cipolla e acqua.

- Scaldare l'olio in una padella. Aggiungere la pasta macinata e la cipolla. Friggere a fuoco medio per 4-5 minuti. Aggiungere le vongole al vapore e saltare per 5 minuti. Aggiungere acqua. Cuocere per 10 minuti e servire caldo.

Ticca di pesce

Per 4 persone

ingredienti

2 cucchiaini di pasta di zenzero

2 cucchiaini di pasta d'aglio

1 cucchiaino di garam masala

1 cucchiaino di peperoncino in polvere

2 cucchiaini di cumino macinato

2 cucchiai di succo di limone

Sale a piacere

Sogliola da 1kg/2¼lb, senza pelle e sfilettata

Olio vegetale raffinato per fritture poco profonde

2 uova sbattute

3 cucchiai di semolino

Metodo

- Mescolare pasta di zenzero, pasta d'aglio, garam masala, peperoncino in polvere, cumino, succo di limone e sale. Marinare il pesce con questa miscela per 2 ore.
- Scaldare l'olio in una padella. Immergere il pesce marinato nell'uovo, rotolare nella semola e friggere a fuoco medio per 4-5 minuti.
- Girare e cuocere per 2-3 minuti. Scolare su carta assorbente e servire caldo.

Melanzane ripiene di gamberi

Per 4 persone

ingredienti

4 cucchiai di olio vegetale raffinato

1 cipolla grande, finemente grattugiata

2 cucchiaini di pasta di zenzero

2 cucchiaini di pasta d'aglio

1 cucchiaino di curcuma

½ cucchiaino di garam masala

Sale a piacere

1 cucchiaino di pasta di tamarindo

180 g di gamberi, sgusciati e grattugiati

60 ml di acqua

8 melanzane piccole

10 g di foglie di coriandolo, tritate, per guarnire

Metodo

- Per il ripieno, scaldare metà dell'olio in una casseruola. Aggiungere la cipolla e soffriggere a fuoco basso fino a doratura. Aggiungere la pasta di zenzero, la pasta d'aglio, la curcuma e il garam masala. Rosolare per 2-3 minuti.

- Aggiungere il sale, la pasta di tamarindo, i gamberi e l'acqua. Mescolare bene e cuocere a fuoco lento per 15 minuti. Il libro è fantastico.

- Fare una croce all'estremità di una melanzana con un coltello. Taglia più in profondità lungo la croce, lasciando intatta l'altra estremità. Farcire la miscela di gamberi in questa cavità. Ripetere per tutte le melanzane.

- Scaldare l'olio rimanente in una padella. Aggiungere le melanzane ripiene. Cuocere a fuoco basso per 12-15 minuti, girando di tanto in tanto. Guarnire e servire caldo.

Gamberi aglio e cannella

Per 4 persone

ingredienti

8 fl oz/250 ml di olio vegetale raffinato

1 cucchiaino di curcuma

2 cucchiaini di pasta d'aglio

Sale a piacere

500 g di gamberi, sgusciati e grattugiati

2 cucchiaini di cannella in polvere

Metodo

- Scaldare l'olio in una padella. Aggiungere la curcuma, la pasta d'aglio e il sale. Friggere a fuoco medio per 2 minuti. Aggiungere i gamberi e cuocere per 15 minuti.
- Aggiungi la cannella. Cuocere per 2 minuti e servire caldo.

Sogliola al vapore con senape

Per 4 persone

ingredienti

1 cucchiaino di pasta di zenzero

1 cucchiaino di pasta all'aglio

¼ cucchiaino di pasta di peperoncino rosso

2 cucchiaini di senape inglese

2 cucchiaini di succo di limone

1 cucchiaino di olio di senape

Sale a piacere

1 kg di lingua di limone, sbucciata e sfilettata

25 g/foglie piccole di coriandolo, tritate finemente

Metodo

- Mescolare tutti gli ingredienti, tranne il pesce e le foglie di coriandolo. Marinare il pesce con questa miscela per 30 minuti.
- Metti il pesce in un piatto fondo. Vapore (vedi tecniche di cottura) in una vaporiera per 15 minuti. Guarnire con foglie di coriandolo e servire caldo.

www.ingramcontent.com/pod-product-compliance
Lightning Source LLC
Chambersburg PA
CBHW071141080526
44587CB00013B/1705